· 当代财经管理名著译库
· DSGE经典译丛


熊毅 译

[美] 弗朗西斯 · X.迪博尔德 (*Francis X. Diebold*) 格伦 · D. 鲁迪布什 (*Glenn D. Rudebusch*) 著


# 收益率曲线的建模和预测

## 基于DNS方法创新

# Yield Curve Modeling and Forecasting

## The Dynamic Nelson-Siegel Approach


东北财经大学出版社
Dongbei University of Finance & Economics Press
大连

辽宁省版权局著作权合同登记号：图字 06-2013-242
Francis X. Diebold, Glenn D. Rudebusch：Yield Curve Modeling and Forecasting：The Dynamic Nelson-Siegel Approach


**图书在版编目（CIP）数据**

收益率曲线的建模和预测：基于 DNS 方法创新 /（美）迪博尔德，鲁迪布什著；熊毅译. —大连：东北财经大学出版社，2014. 6
（DSGE 经典译丛）
ISBN 978-7-5654-1502-9

Ⅰ. 收…　Ⅱ. ①迪… ②鲁… ③熊…　Ⅲ. 资本市场-收益-研究　Ⅳ. F830. 91

中国版本图书馆 CIP 数据核字（2014）第 070623 号

东北财经大学出版社出版发行
大连市黑石礁尖山街 217 号　邮政编码　116025
教学支持：（0411）84710309
营 销 部：（0411）84710711
总 编 室：（0411）84710523
网　　址：http：//www. dufep. cn
读者信箱：dufep @ dufe. edu. cn
大连图腾彩色印刷有限公司印刷

幅面尺寸：185mm×260mm　字数：172 千字　印张：8
2014 年 6 月第 1 版　2014 年 6 月第 1 次印刷
责任编辑：李　季　吉　扬　　　责任校对：刘　斯
封面设计：张智波　　　版式设计：钟福建
定价：36. 00 元

# 译者序

本书是沃顿商学院的一位学者经济学家和美联储的一位官厅经济学家对于一个重大的宏观金融问题联袂打造出的一部最新的、杰出的学术著作。这个重大问题就是收益率曲线的建模和预测，有关这方面的分析不仅是金融资产配置、资产定价、风险管理等金融工作的核心，而且也是金融分析宏伟大厦的一块基石。

在一个体系健全、机制完善的金融市场中，债券市场是极其重要的。对于投资者而言，债券市场被当做国民经济最好的预言家。而对于经济学家来说，债券市场则被视做经济气候的晴雨表，借助于债券市场的收益率曲线，通常可以预测宏观经济的变化，特别是某种债券风险溢价的增加往往成为了经济疾患的先兆。债券市场中的收益率曲线，看似十分简单直观，但应用又非常广泛。自20世纪70年代以来，随着国际上令人眼花缭乱的金融创新层出不穷，收益率曲线的运用也远远超出了国债分析领域，包括金融资产及其衍生品的定价、金融风险的管理、投资组合的配置、财政债务的安排、货币政策的执行、资本品价值的评估等。

在美国，商业决策者、华尔街的分析师和政府政策制定者都是借助债券市场的收益率，寻找未来经济发展的信息。鉴于此，每天，美国联邦储备体系理事会都会在网络上公布纳尔逊-西格尔模型（Nelson-Siegel）的实时收益率曲线，这点就如同欧洲中央银行所做的一样。每天，《华尔街日报》也都要登载国债收益率曲线。

可见，无论是从理论方面还是从实践方面来看，理解收益率曲线的动态演化可谓是至关重要，本书就是关于这方面研究的著作。从专业性来说，本书适宜的读者是关心债券市场以及债券市场与宏观经济联系的人们，包括利益集团经济学家、官厅经济学家、学者经济学家、金融市场从业人员和高等院校学生。

在整个金融研究当中，收益率曲线模型属于一种繁复而又精妙的模型。这就需要一位好的老师引导，译者一直认为：一本好的教科书就是一位好老师。而在收益率曲线建模方面，本书就是一位擅长传道、授业、解惑的好老师。纵观本书的特点，可以用三个字简单概括：精、清、新。

一是精，即精练。作者的分析十分精确简练，一方面本书探讨的问题高度集中，因而避免了篇幅的冗长，另一方面对于一个复杂而又困难的数学建模问题，作者运用了精确而又简练的语言娓娓道来，尽管如此，却丝毫不影响本书的学术品位。用作者的话来说，就是本书的分析方法是简单但又严谨的，同时，它又与现代统计和金融经济思想保持着密切的联系。作者在强调简练的同时，也注重理论上的严谨性和经验（或称实证）上的有效性。用新西兰储备银行 Leo Krippner 的话说就是，在期限结构建模方面，这本清晰、简洁的著作可谓举世无双。

二是清，即清晰。作者的分析非常清楚明晰，无论是从分析思路来说，还是从逻辑推导来说，都是如此。正如丹麦奥尔堡大学 Lasse Bork 所言，两位杰出的学者将这本书写得非常清晰，对于收益率曲线建模和预测中的理论和经验问题提供了令人耳目一新、明确清晰的信息。本书通过 DNS 模型这幅透镜，从最简单的收益率曲线基础开始讲解，运用一个非常普通而又直观的期限结构模型，透视整个收益率曲线建模中的基本问题，引导读者进入到相关领域的学术前沿，使人觉得层次清晰，理解容易，甚至可以消减人们的“建模焦虑症”。

三是新，即新颖。本书展示了学术创新，这表现在作者对于传统的纳尔逊-西格尔模型的两个扩展：第一个扩展是 DNS 模型，而第二个扩展是 AFNS 模型。用 Lasse Bork 的话说，在金融经济学和宏观金融的收益率建模领域中，这本最新的、富于启发性的著作覆盖了这个尖端领域的最新发展。另外，作者对于金融学与宏观经济学交叉融合的强调，也非常值得宏观经济学家和金融经济学家的重视。本书的新颖还表现在它的时效性，书中所引用的最近的参考文献资料是 2011 年的。正是作者最为新鲜的创新，使得作者的分析在国内的研究之中极少见到。

毫无疑问，读完本书之后，读者不仅可从中获得一些全然一新的思想，而且可以激发对书中许多前沿问题的思考，据此也会油然而生一种思潮澎湃的阅读体验，这就是收益率曲线建模——这样一个迅速发展的领域——带给人们的一种兴奋感。相信读者能从阅读中获得足够的启迪和灵感，在作者所指出的众多广阔的研究方向上，推进相关学术前沿的扩展。

翻译本书犹如聆听两位杰出学者的传道，对此译者感到十分荣耀，既拓展了专业视野，又磨砺了翻译事业。对于充当传声筒的工作，译者的偏好也是非常明显的。作为一个“偏执”的学者，也就是偏好执著的学者，译者授大课（由于本人“自娱自乐”的“单口相声”式讲课，结果“误导”学生“盲目”蜂拥而至）、编教材、写论文都更偏好专著式的“个人主义”，而不是很喜欢主编式和统编式的“集体主义”。翻译书也是如此，译者的拙见是，一个人从事教学和研究工作，有利于增强内容、风格、叙述的整体性、一致性和连续性。这里，译者绝无将垃圾放在地毯下之意，如此这般地热衷“个人主义”，机会成本也会由此外溢，即存在知识上的盲区、认识上的误区，失去了集体翻译产生的速成效益，失去了头脑风暴带来的集思广益。为了避免本书的错误沦为沉没成本，在此，译者热望亲爱的读者批评指正，就本书肯定存在的错译、绝对存在的瑕疵，有情地雅正、无情地斧正。我的回馈就是，真挚地感谢，真诚地改译。

最后，本书的翻译得到了东北财经大学出版社国际合作部李季主任的热忱帮助、深圳熊梦雅的热切关心、华中科技大学协和医院沈雅兰的热情支持，在此一并表示深深的谢意！

**熊　毅**

2014 年 3 月 26 日于财大银杏公寓

# 专家推荐

这里的计量经济学和丁伯根研究所讲座，是围绕着计量经济学中的主题进行的，这些主题是关于政策分析方面的问题，以及对于政策分析方面有着重要影响的问题。这些讲座涉及的主题范围非常广泛，并不局限于任何单一的领域或学科分支。在计量经济学的应用领域之中，那些发挥着重要作用并且具有国际领先水平的科学家，常常会受到邀请，进行为期三天的讲座，讲座的内容集中在他们各自作出了重大贡献的领域。

2012 年的讲座是围绕着这样一个问题进行的，也就是关于金融资产的一个大横截面的动态行为的描述和建模，比如说，美国国债。就这个问题隐含的政策分析意义来说，理解这方面的进展是至关重要的。这种理解涉及预期和定价机制，而这种预期和定价机制也就是所谓的纳尔逊-西格尔方法（ Nelson-Siegel approach ）分析中的一部分，隐含的政策分析涉及这样的一些问题，也就是动态资产配置和对冲金融资产的投资风险。有关这些方面的问题，也是将宏观经济学和金融学二者联系起来的问题，迪博尔德和鲁迪布什已经写了一本非常清晰易懂的书。在这本书中，他们所得出的研究结论，不仅与相关的学术研究人员有关，而且同样也与银行和金融部门的专业人士有关。

作为讲座的系列编辑，我们非常感谢计量经济学和丁伯根研究所给予这个系列一贯的、大力的支持。

Philip Hans Franses
Herman K. van Dijk

鹿特丹伊拉斯姆斯大学经济学院计量经济学和丁伯根研究所

# 前　言

就许多有关经济方面的工作来说，理解收益率曲线的动态演化可谓至关重要，包括金融资产及其衍生品的定价、金融风险的管理、投资组合的资产配置、财政债务的安排、货币政策的执行、资本品价值的评估等方面的工作。为了考察收益率曲线的动态演化，研究人员所开展的工作已经产生了大量的文献，这些文献采用了各种各样的模型进行分析。不过，依据我们的观点，如果进行一个范围广泛的考察的话，那么这种工作不仅是枯燥乏味的，而且也是毫无意义的。事实上，我们的愿望与范围广泛的考察正好是相反的：我们一直致力于保持我们的研究与计量经济学和丁伯根研究所（Econometric Institute and Tinbergen Institute（EITI））的讲座焦点能够高度集中。2010 年 6 月，在鹿特丹举办了这些讲座，这本书就是建立在这些讲座基础之上的。

由于受到了一个重要观测的驱使，所以，我们讲座的焦点也就高度集中于此：对于大多数有关收益率曲线的模型来说，它们往往呈现出的是这样一种状况，要么是它们在理论上很严谨但在经验上却令人失望，要么是它们在经验上很成功但在理论上缺乏严谨性。相比之下，在这本书当中，我们运用 Nelson 和 Siegel（1987）的经典收益率曲线模型，强调了在以下两个密切相关方面的扩展。首先，我们分析了一个动态化的版本，并将其称为"动态的纳尔逊-西格尔"（"dynamic Nelson-Siegel"，简称 DNS）。其次，我们利用 DNS 方法来分析无套利，并将其称为"无套利的纳尔逊-西格尔"（"arbitrage-free Nelson-Siegel"，简称 AFNS）。事实上，从确立一个单一、完整的方法这个角度来说，上述两种动态的收益率曲线建模和预测模型，只是稍微有些不同。从经验方面来看，DNS 的运用一直都是非常成功的，它也可以很容易地用来进行无套利分析（换言之，也就是可以很容易地转换为 AFNS），假如我们愿意进行这种分析的话，以及当我们必须进行这种分析的时候，运用 DNS 分析都可以取得令人满意的效果。

我们的目标读者针对的是这样的一些人，他们关心债券市场，同时他们也关心这些市场与宏观经济之间存在的联系。他们是相关行业的研究人员、从业人员，或是在校的学生。本书的内容跨越了理论经济学和金融、中央银行和非政府组织、政府以及产业等方面。对于那些在资产定价、投资组合配置和风险管理等方面特别感兴趣的人来说，我们这里所运用的一些分析方法，对于他们的工作则有着更为密切的关系。

我们在阅读这本书之时，就像我们在过去聆听 EITI 讲座一样，作为一个机会，它可以使我们回溯到这样的一种情境之中，以个人发表在期刊上的一些文章为路标，去评估一个更为宏大的学术风景之旅——我们过去曾经去过什么地方，我们现在又身处在什么地方，我们将来又要去往什么地方。就收益率曲线的建模而言，所有这些方面的问题都可以通过一幅 DNS 透镜进行观察，也就是收益率曲线的建模究竟是什么，如何进行建模，又为什么要这样建模。我们所运用的一些分析方法和框架，它们是非常牢固地根植于先前最好的研究土壤之上的，然而，与此同时，这些分析方法和框架也与当前的学术研究前沿紧密交织在一起，也与积极地帮助推动这些研究前沿的不断扩展紧密交织在一起。

我们的分析是从概述收益率曲线的“事实”开始，然后很快就进入到这样一个关键的事实：在观测到的收益率高维集下，主导收益率演化的是收益率因子的一个更低维集。然后，我们努力运用 DNS 作为那些动态因子结构的一个非常强的近似。我们将探讨在各种语境下的 DNS 收益率曲线建模，不仅重视描述性的方面（例如，样本内的拟合、样本外的预测等）和有效率市场的方面（例如，无套利的施加，人们是否希望、希望在哪里施加无套利等），而且我们还会特别专注于分析收益率曲线和众多宏观经济基本面之间存在的种种联系。

让我们感到特别高兴的是能有机会同才华横溢的合作者一起参与 DNS 的研究计划，在我们的整个研究过程之中，这些合作者让我们学到了许多东西，他们分别是：Boragan Aruoba、Lei Ji、Canlin Li、Jens Christensen、Jose Lopez、Monika Piazzesi、Eric Swanson、Tao Wu 和 Vivian Yue。尤其需要指出的是 Christensen，他的学术影响自始至终贯穿于本书的全部分析之中。

对于 Herman van Dijk 和 Dick van Dijk 二位，我们也要给予非常特别的感谢。他们富于智慧地领导、组织了 EITI 系列讲座。同样，我们也要感谢普林斯顿大学出版社的团队，尤其是 Seth Ditchik，对于他细致、高效的管理和制作，我们要给予特别的感谢。

对于许多同事和机构在不同阶段所提供的帮助，我们这里也要给予感谢。我们要特别感谢——运用一种简单明了、直截了当的方式——Caio Almeida、Boragan Aruoba、Jens Christensen、Dick van Dijk、Herman van Dijk、Greg Duffee、Darrell Duffie、Jesús Fernandez-Villaverde 、Mike Gibbons 、Jim Hamilton 、Jian Hua、Lawrence Klein 、Siem Jan Koopman、Leo Krippner、Jose Lopez、Andre Lucas、Emanuel Monch、James Morley、Charles Nelson、Ken Singleton、Dongho Song、Jim Steeley、Chuck Whiteman 和 Tao Wu。对于我们的手稿，几个匿名审稿人也提供了非常深刻的、富有价值的评论。我们要感谢 Fei Chen、Jian Hua 和 Eric Johnson 对于我们研究提供的帮助。我们要感谢美国国家科学基金会（the National Science Foundation）、沃顿商学院金融制度研究中心（the Wharton Financial Institutions Center）和古根海姆基金会（the Guggenheim Foundation）这些机构对于我们研究提供的财政支持。

读完本书之后，我们希望这本书能够让读者体会到这样一种感觉，也就是收益率曲线建模——这样一个迅速发展的领域——带给人们的一种兴奋感。然而，虽然发展迅速，但没有任何理由将其与我们的任何过失和遗漏错误联系起来，而这些过失和遗漏错误又肯定是存在的，在此，我们提前表示深深的歉意。

弗朗西斯·X. 迪博尔德（Francis X. Diebold），2011 年于费城
fdiebold@ sas. upenn. edu
www. ssc. upenn. edu/ ~fdiebold
格伦·D. 鲁迪布什（Glenn D. Rudebusch），2011 年于旧金山
glenn. rudebusch@ sf. frb. org
www. frbsf. org/economics/economists/grudebusch

# 特别致谢

这本书借鉴了我们先前发表的一些论文，包括：

Christensen, J. H. E, Diebold, F. X., and Rudebusch, G. D. (2009), "An Arbitrage-Free Generalized Nelson-Siegel Term Structure Model," *The Econometrics Journal*, 12, 33-64.

Christensen, J. H. E., Diebold, F. X., and Rudebusch, G. D. (2011), "The Affine Arbitrage-Free Class of Nelson-Siegel Term Structure Models," *Journal of Econometrics*, 164, 4-20.

Christensen, J. H. E., Lopez, J. A., and Rudebusch, G. D. (2010), "Inflation Expectations and Risk Premiums in an Arbitrage-Free Model of Nominal and Real Bond Yields," *Journal of Money, Credit, and Banking*, 42, 143-178.

Diebold, F. X., Ji, L., and Li, C. (2006), "A Three-Factor Yield Curve Model: Non-Affine Structure, Systematic Risk Sources, and Generalized Duration," in L. R. Klein (ed.), *Long-Run Growth and Short-Run Stabilization: Essays in Memory of Albert Ando*, 240-274. Cheltenham, U. K.: Edward Elgar.

Diebold, F. X., and Li, C. (2006), "Forecasting the Term Structure of Government Bond Yields," *Journal of Econometrics*, 130, 337-364.

Diebold, F. X., Li, C., and Yue, V. (2008), "Global Yield Curve Dynamics and Interactions: A Generalized Nelson-Siegel Approach," *Journal of Econometrics*, 146, 351-363.

Diebold, F. X., Piazzesi, M., and Rudebusch, G. D. (2005), "Modeling Bond Yields in Finance and Macroeconomics," *American Economic Review*, 95, 415-420.

Diebold, F. X., Rudebusch, G. D., and Aruoba, B. (2006), "The Macroeconomy and the Yield Curve: A Dynamic Latent Factor Approach," *Journal of Econometrics*, 131, 309-338.

Rudebusch, G. D. (2010), "Macro-Finance Models of Interest Rates and the Economy," *The Manchester School*, 78, 25-52.

Rudebusch, G. D., and Swanson, E. (2008), "Examining the Bond Premium Puzzle with a DSGE Model," *Journal of Monetary Economics*, 55, S111-S126.

Rudebusch, G. D., and Swanson, E. (2012), "The Bond Premium in a DSGE Model with Long-Run Real and Nominal Risks," *American Economic Journal: Macroeconomics*, 4, 105-143.

Rudebusch, G. D., Swanson, E., and Wu, T. (2006), "The Bond Yield 'Conundrum' from a Macro-Finance Perspective," *Monetary and Economic Studies*, 24, 83-128.

Rudebusch, G. D. , and Wu, T. (2007), "Accounting for a Shift in Term Structure Behavior with No-Arbitrage and Macro-Finance Models," *Journal of Money, Credit, and Banking*, 39, 395-422.

Rudebusch, G. D. , and Wu, T. (2008), "A Macro-Finance Model of the Term Structure, Monetary Policy, and the Economy," *Economic Journal*, 118, 906-926.

# 图表目录

# 目　录

# 第1章

# 事实、因子和问题

在这一章当中，我们将会进行一些概念性、描述性和理论性方面的考察，它们是关于名义政府债券收益率曲线的，对于我们的分析来说，这些考察是非常重要的。首先，从概念性的考察来讲，我们一直在尝试度量的收益率，它们的确切含义究竟是什么？对于有着各种各样期限、许多年以后才到期的债券，我们又如何才能最好地理解它们的收益率？其次，从描述性的考察来讲，各种收益率曲线的表现通常如何？我们可以获得收益率曲线简单而又精确的动态特征吗？并且我们能够依据这些动态特征进行预测吗？最后，从理论性的考察来讲，支配和约束收益率曲线形状的是什么？而支配和约束收益率曲线演化的又是什么？对于收益率曲线与宏观经济基本面和中央银行的行为来说，我们能够在它们两者之间建立起某种联系吗？

显然，面对如此多层面的问题，要想一一予以解答是非常困难的，然而，这些问题又是极为重要的。于是，在学者的研究当中，存在着类似如此多层面的，而且数量又十分庞大的分析文献，这些文献都试图来回答上述问题。在这些文献当中，贯穿着大量主流的和非主流的分析、统计的和经济的分析。然而，思想发展的脉络并非是简单的、线性的，也就是说，思想每前进一步并非都是固守着以前的思想逻辑。事实上，情况正好是相反的，大量文献更多地呈现出的是这样一种状况，即一种你中有我、我中有你的错综复杂、相互交织的网状思想。因此，针对收益率曲线建模的分析，我们的意图不是提供一个“等量齐观”般的概括讲述，因为这样做是否有助于建模，或者说这样做甚至有什么意义，这些我们都还不清楚。与此相反，在这本书当中，我们是依据不同的计算方式，对于上述大量的文献做了分门别类的分类，并且运用一种非常特别的收益率曲线建模方法，对这些分类文献进行了汇编和阐述。我们的分析方法是简单的，但是又是严谨的，与此同时，我们的方法又与现代统计和金融经济思想保持了密切的联系，可以说，我们的方法在各种各样的情况下也是行之有效的。尽管如此，我们还是打算超越我们自己的分析。为此，第一步我们就必须奠定一个坚实的分析基石。

## 1.1 三种利率的曲线

在这一部分当中，我们通过回顾三种重要的债券市场结构理论，以及分析这些理论之间存在的内在关系，进而确定我们解决问题的思路，设立相应的符号，并详细地阐述一些基本的概念：贴现曲线（discount curve）、远期利率曲线（forward rate curve）和收益率曲线（yield curve）。

假设我们用 $P(\tau)$ 表示一个 $\tau$ 期的贴现债券价格，也就是人们在 $\tau$ 期以前可以得到的1美元现值。如果用 $y(\tau)$ 表示到期收益率，并且收益率采用复利计算，那么，根据定义我们就可以有下式

$$P(\tau) = e^{-\tau y(\tau)} \tag{1.1}$$

通过该式马上就可看出，贴现曲线和收益率曲线两者之间存在着非常紧密的联系。根据贴现函数知识，我们就可以估计出一条收益率曲线。

同样，贴现曲线和远期利率曲线两者之间也存在着非常紧密的联系。特别重要的是，远期利率曲线可以定义为

$$f(\tau) = \frac{-P'(\tau)}{P(\tau)} \tag{1.2}$$

因此，正如前面依据贴现函数知识，我们就可以估计出一条收益率曲线一样，同理，依据贴现函数知识，我们也可以估计出一条远期利率曲线。

于是，公式（1.1）和公式（1.2）也就表明，在收益率曲线和远期利率曲线之间，两者存在着这样的一种关系，

$$y(\tau) = \frac{1}{\tau}\int_0^{\tau} f(u)\,du \tag{1.3}$$

特别重要的是，由上式可知，零息票收益率（zero-coupon yield）是远期利率的一个同样的加权平均。

综上可见，关于 $P(\tau)$、$y(\tau)$ 和 $f(\tau)$ 三种知识中的任何一种，都意味着与其他另外两种知识相同，所以，就我们的分析目的来说，关键之处在于三种知识之间可以有效地加以替换。因此，在不失分析一般性的前提下，我们可以选择性地运用 $P(\tau)$、$y(\tau)$ 或 $f(\tau)$ 中的任何一种来表示收益率。在这本书当中，为了遵循学术研究的一般做法和行业惯例，我们的分析采用了 $y(\tau)$ 这种形式表示收益率曲线。然而，需要再一次指出的是，从理论上说，我们的这种选择是不会对问题的分析产生任何影响的。

但是，从实践中看，问题的复杂性马上就出现了，因为尽管我们能够观测到各种不同期限的债券交易价格，但是，我们却不能够直接地观测到这些债券的收益率，更不用说能够观测到固定的、标准化期限的零息票收益率了（比如说，6个月、10年……），这个问题会伴随着我们分析的始终。因此，在下面的分析当中，我们将会提供一些有关构建收益率方面的背景知识。

## 1.2 零息票收益率

在实践当中，我们是观测不到收益率曲线的。作为一种替代性的选择，收益率曲线只能够从观测到的债券价格当中进行估计。在历史上，人们曾经运用两种非常普遍的方法构建收益率，其程序为：首先拟合一条平滑的贴现曲线，然后，再使用公式（1.2）和公式（1.3）将这条曲线转换为相关期限的收益率。

在收益率曲线构建的历史长河当中，第一个运用贴现曲线方法构建收益率曲线的，可

以归功于 McCulloch（1971，1975），他利用多项式样条（polynomial splines）对贴现曲线进行了模拟。[①] 然而，对于到期日很长的债券来说，由于多项式结构自身固有的原因，McCulloch 所拟合出的贴现曲线呈现出的是一种发散状，而相应的收益率曲线也承继了这个不幸的性质。因此，这种曲线也就极少适合于这样的收益率，也就是随着债券期限而逐渐变平的收益率。这点就如 Shea（1984）特别指出的那样。

在收益率曲线构建的发展过程当中，第一个对贴现曲线方法加以改进的，可以归功于 Vasicek 和 Fong（1982），他们运用指数样条（exponential splines）对贴现曲线进行了模拟。二人非常巧妙地利用了一个期限的负变换（negative transformation of maturity），而不是期限本身，以便确保远期利率和零息票收益率二者能够随着期限的增加而逐渐收敛到一个固定的限制。因此，采用扁长端的形状拟合收益率曲线的 Vasicek-Fong 方法也许要更为成功一些。

虽然，Vasicek 和 Fong（1982）的方法比 McCulloch 的方法有了一些进步，然而，由于他们方法背后的远期利率并非一定是正的，因此，上述的贴现曲线方法依然存在着一个不可忽视的、潜在的问题。

在收益率曲线构建的历史当中，一个可供选择而又被普遍采用的方法，可以归功于 Fama 和 Bliss（1987）。他们构建的收益率不是来自于估计的贴现曲线，而是来自于观测各种期限估计的远期利率。他们的方法必须给连续、较长期限的债券定价，依次构建远期利率。这些远期利率通常被称为“非平滑的 Fama-Bliss”远期利率，我们可以运用公式（1.3），通过适当的平均，将这些远期利率变换为非平滑的 Fama-Bliss 收益率。非平滑的 Fama-Bliss 收益率对于分析当中所包括的债券进行了准确定价。非平滑的 Fama-Bliss 收益率往往也是一种“粗糙的（raw）”收益率，研究人员可以将这种收益率拟合成一条经验收益率曲线，比如说，Nelson-Siegel（简称 NS）类型中的一种。如此，他们的拟合就能够有效地平滑粗糙的非平滑的 Fama-Bliss 收益率，有关这些方面的分析，将会贯穿于我们本书分析的全部。

## 1.3 收益率曲线的事实

无论在什么时候，在与各种不同债券期限相对应的各种不同收益率当中，有几十种是人们可以观测到的。但是，收益率曲线的演化往往呈现出了一个动态性的特点。如此，它们就不仅存在着一个横截面方面的分析，而且也存在着时间维度这样一个方面的分析。[②] 因此，在这一部分的分析当中，我们将专注于这样一个明显的描述性问题：随着时间的推移，所有不同期限收益率的表现通常会怎样？

从某种意义上来说，目前的这种情况是非常简单的——运用时间序列进行建模和预测——但是，从另一种意义上来讲，这种情况又是更加复杂和有趣的，因为我们运用时间序列所构建的模型实际上呈现出的是一系列的曲线[③]。在图 1-1 中，我们展示了生成的一

① 详情也请参见 McCulloch 和 Kwon（1993）的分析。

② 如果我们的兴趣是在动态的收益率曲线建模和预测，那么时间维度就同所有债券期限的变化一样，具有同等的重要性。

③ 有关函数回归中的统计资料是专门处理曲线集的，因此与我们关注的问题还有些关联。详情请参见 Ramsay 和 Silverman（2005）以及 Ramsay（2009）等人的分析。然而，函数回归资料通常是不能用于分析动态问题的，更不用说用于分析具有许多特殊细微差别的收益率曲线建模了，所以我们需要采用一些其他的方法。

个三维表面的图形，这个图形是关于美国国债收益率变化情况的。其中，随着时间的推移，收益率是作为一个期限函数形式显示的。这个图形显示出了一个有关收益率曲线的事实，而且是一个非常重要的事实，也就是如果收益率曲线的位置移动非常大的话，那么曲线就会变换成各种各样不同的形状：以递增或递减的变化率上升的形状，以递增或递减的变化率下降的形状，水平形状，U 形等。

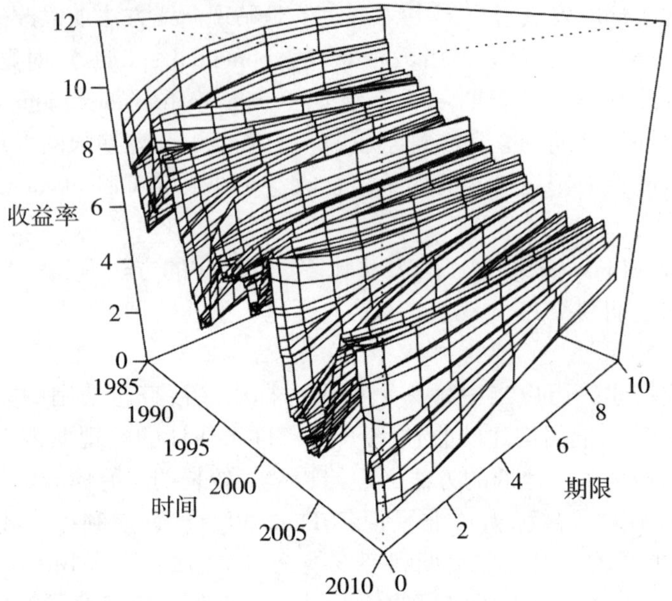


**图 1-1　三个维度的债券收益率**

注：我们在图上标示的是美国月末国库券的情况，债券收益率的期限范围是从 6 个月至 10 年。数据是基于 Gürkaynak 等人（2007）的资料，他们的资料来源于美联储理事会，样本期间是从 1985 年 1 月到 2008 年 12 月。

表 1-1 显示的是各种不同期限收益率的描述性统计。根据表中的描述性统计，我们可以揭示出一些有关收益率曲线的事实，这些事实不仅是非常著名的，而且也是十分重要的。第一，平均时间收益率（time-averaged yields）（或者说“平均收益率曲线” average yield curve），它们是随着期限的增加而增加的，由此也就说明，期限溢价（term premia）显而易见是存在的，究其个中的原因，或许是由于人们的风险厌恶（risk aversion）、流动性偏好（liquidity preferences），或许是由于优先聚集地（preferred habitats）。第二，收益率的波动随着期限的增加而降低，这大概是因为长期利率涉及预期未来短期利率的平均值。第三，不同收益率之间具有高度的一致性，这种一致性不仅得到了非常大的 1 个月的自相关证明，而且也得到了相当大的 12 个月的自相关证明。

表 1-2 显示了相同的描述性统计，该统计中的数据表示的是相对于 10 年期国债收益率来说的利差（yield spreads）。利差动力学与收益率水平动力学两者之间形成了极其鲜明的对比，特别重要的是，利差显然更稳定，但也更不持久。正如各种各样的收益率一样，1 个月利差的自相关也是非常大的，而且它们还呈现出了一个更为迅速的衰减。结果，12 个月利差的自相关非常明显地要小于其他利差的自相关。事实上，实践当中许多激进型的债券交易策略的制定（尽管这种类型的交易策略有时获得了成功，然而，有时它们也并没

表 1-1 **债券收益率统计**

| 期限（单位：月） | $\bar{y}$ | $\hat{\sigma}_y$ | $\hat{\rho}_y$（1） | $\hat{\rho}_y$（12） |
|---|---|---|---|---|
| 6 | 4.9 | 2.1 | 0.98 | 0.64 |
| 12 | 5.1 | 2.1 | 0.98 | 0.65 |
| 24 | 5.3 | 2.1 | 0.97 | 0.65 |
| 36 | 5.6 | 2.0 | 0.97 | 0.65 |
| 60 | 5.9 | 1.9 | 0.97 | 0.66 |
| 120 | 6.5 | 1.8 | 0.97 | 0.68 |

注：我们这里所提供的描述性统计反映的是各种期限的月末收益率。我们展示了样本均值、样本的标准偏差，以及第一阶和第十二阶样本自相关。这些数据来自于美联储理事会，样本期间是从 1985 年 1 月到 2008 年 12 月。

有获得预期的成功），都是根植于利差回归分析土壤之中的。

表 1-2 **利差统计**

| 期限（单位：月） | $\bar{s}$ | $\hat{\sigma}_s$ | $\hat{\rho}_s$（1） | $\hat{\rho}_s$（12） |
|---|---|---|---|---|
| 6 | −1.6 | 1.3 | 0.98 | 0.44 |
| 12 | −1.4 | 1.1 | 0.98 | 0.46 |
| 24 | −1.1 | 0.9 | 0.97 | 0.48 |
| 36 | −0.9 | 0.7 | 0.97 | 0.47 |
| 60 | −0.6 | 0.4 | 0.96 | 0.44 |
| 120 | NA | NA | NA | NA |

注：我们这里所提供的描述性统计反映的是各种期限的月末利差（这些利差是相对于 10 年期国债来说的）。我们展示了样本均值、样本的标准偏差，以及第一阶和第十二阶样本自相关。数据是基于 Gürkaynak 等人（2007）的资料，他们的资料来源于美联储理事会，样本期间是从 1985 年 1 月到 2008 年 12 月。

## 1.4 收益率曲线的因子

如果要分析债券收益率集合的话，那么我们就需要运用一个多变量的模型。在这个方面，一个广为人知的模型，就是向量自回归模型（vector autoregression），或者是一些与向量自回归模型密切相关的模型。但是，一个不受约束的向量自回归，它是对参数化的恣意挥霍，也是对自由度的极大浪费。非常幸运的是，事实已经证明，金融资产的收益率通常符合某种受约束的向量自回归类型，这种类型的模型表现出了因子结构（factor structure）的特点。人们通常认为，在以下这种情形当中，因子结构往往是可以发挥作用的，也就是人们可以看到一个高维空间描述的事物（比如说，债券收益率的一个大的集合），然而，这里高维空间描述的事物是由一组基础性的低维空间描述的事物所驱动的，或者换句话说是由“因子”所驱动的。因此，在观测到的一个看似复杂的高维空间集合之中，实际上我们能够看到的是一个更为简单的现实。

事实上，在有关金融市场、金融经济理论、宏观经济基本面和宏观经济理论等问题的分析方面，学者已经非常广泛地运用了因子结构分析方法。例如，Campbell 等人（1997）就探讨了金融市场当中的有关经验因子结构方面的问题，以及金融经济模型当中的有关理论因子结构方面的问题。[①] 与此相似，Aruoba 和 Diebold（2010）讨论了宏观经济基本面当中的有关经验因子结构方面的问题，Diebold 和 Rudebusch（1996）讨论了宏观经济模型当中的有关理论因子结构方面的问题。

尤其重要的是，因子结构对于债券收益率的期限结构（term structure）提供了一个非常好的描述。[②] 涉及长期利率的多数早期研究含蓄地采用了单一因子的世界观（例如，Macaulay（1938）），而因子是水平的（例如，一个长期利率）。与此相似，早期的无套利模型（arbitrage-free models）（就像 Vasicek（1977）的模型）涉及的也只是单一因子分析。然而，以上单一因子结构的分析，严重地制约了令人感兴趣的期限结构动力学的范围，在自我反思与观察方面都制约了理论的发展。

在图 1-2 当中，我们展示了一个收益率的时间序列图，它是一个标准的关于债券收益率的集合。图中曲线的走势非常清楚地表明，不同期限的收益率曲线往往趋向于一同变动，而且这种一同变动的趋向是非常明显的，但是，与此同时，同样也是非常明显的是，收益率曲线在变动时，不只是一个常见的水平因子在单独发挥作用。在现实世界中，期限结构数据——以及与此相对应的现代经验期限结构模型（term structure models）——它们都涉及多重因子。这个经典的认识最早可以追溯到 Litterman 和 Scheinkman（1991）和 Willner（1996）以及 Bliss（1997），它反复回响在相关分析文献之中。例如，Joslin 等人（2010）就注意到：

从某种意义上说，一个低维的因子模型很好地描述了债券收益率的交叉相关性，也就是债券收益率的前三个主成分……它们很好地解释了超过债券收益率变化的 95%……非常相似的三个因子表达式来自于无套利的、动态的期限结构模型……对于范围广泛的债券期限来说。

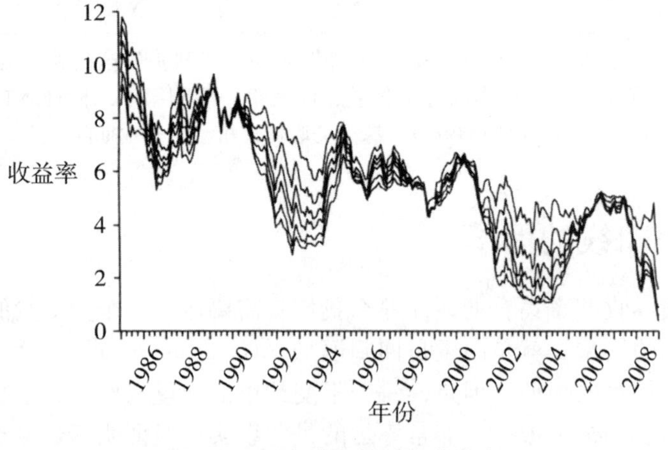


**图 1-2　两个维度的债券收益率**

注：我们绘制了月末美国国库券和债券的收益率，它们的期限分别为 6、12、24、36、60 和 120 个月。数据是基于 Gürkaynak 等人（2007）的资料，他们的资料来源于美联储理事会，样本期间是从 1985 年 1 月到 2008 年 12 月。

---

① 有趣的是，因子结构当中的资产定价与定价核心结构当中的资产定价密切相关，就如 Singleton（2006）第 11 章所讨论的一样。

② 在目前的分析当中，我们还没有考虑政府债券和企业债券之间存在的收益率差别。但是，在后面的分析之中，我们将会考虑存在于两者之间的信用风险利差。

我们只需运用典型的三个因子或主成分（principal components 简称 PC）分析方法，就能够完全满足人们对于大部分收益率变化解释的需要。在我们的数据集当中，前三个主成分就几乎解释了债券收益率变化的全部。我们在图 1-3 当中展示了这种方法分析的结果，同时又在表 1-3 当中提供了描述性的统计。

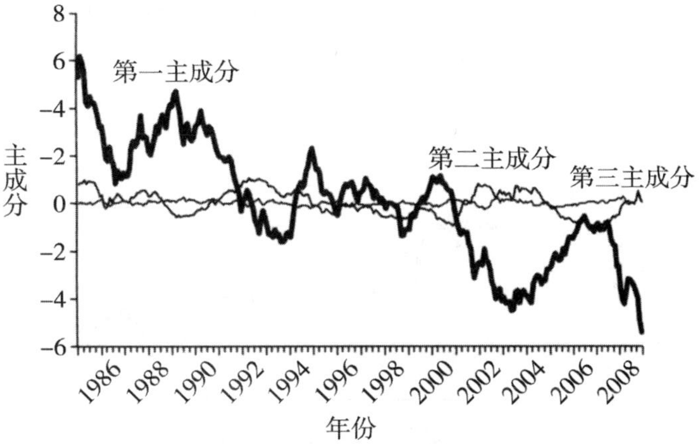


**图 1-3　债券收益率的主成分**

注：我们分别用深黑、黑、浅黑三种颜色的曲线，表明了债券收益率的第一、第二和第三主成分。

表 1-3　**收益率的主成分（PC）统计**

| 主成分（PC） | $\hat{\sigma}$ | $\hat{\rho}$（1） | $\hat{\rho}$（12） | $R^2$ |
|---|---|---|---|---|
| 第一 | 2.35 | 0.97 | 0.67 | 0.98 |
| 第二 | 0.52 | 0.97 | 0.45 | 0.95 |
| 第三 | 0.10 | 0.83 | 0.15 | 0.70 |

注：我们这里呈现的描述性统计，它是关于月末美国国库券和债券收益率前三个主成分的，这些国库券和债券的期限分别为 6、12、24、36、60 以及 120 个月。我们还分别显示了主成分样本的标准差，第一阶和第十二阶主成分样本的自相关函数，以及从一个 AR（$p$）的近似模型当中预测 $R^2$（请参见 Diebold 和 Kilian（2001）），该模型运用了施瓦茨准则（Schwartz criterion）来选择 $p$。数据是基于 Gürkaynak 等人（2007）的资料，他们的资料来源于美联储理事会，样本期间是从 1985 年 1 月到 2008 年 12 月。

第一个因子是边界非平稳的。在所分析样本期间的大部分时间内，该因子都是向下漂移的，个中原因在于，相对于 20 世纪 80 年代初期的高水平通货膨胀率来说，样本期间内的通货膨胀率降低了。第一个因子的变化是最大的，但是它也是最具有可预测性的，原因在于它具有非常高的持久性。第二个因子也是具有高度持久性的，并且它也显示出了一个明确的商业周期节律。但是同水平因子相比，第二个因子的变化是较小的，是具有较低持久性的，并且也是具有较小可预测性的。第三个因子的变化是最小的，它是最不具有持久性的，也是最不具有可预测性的。

在图 1-4 中，我们依据对标准的经验收益率曲线的水平（level）、斜率（slope）、曲率（curvature）的度量（它们分别是：10 年期收益率，10 年-6 个月的利差，以及一个 6 个月+10 年-2.5 年的蝶状价差（butterfly spread）），绘制了三个主成分（也就是三个因子)。图中曲线的走势显示，影响三种债券收益率的因子实际上是水平、斜率和曲率。这是非常重要的，因为它意味着这样一点，也就是不同的因子受到不同的、具体的宏观经济决定因素的影响，并且这种影响发生的可能性是非常大的。比如说，通货膨胀就很显然是与收益率曲线的水平因子有着非常密切的关系，而商业周期的阶段性则明显地是与收益率曲线的斜率因子有着十分密切的关系。同样值得特别注意的是，收益率因子实际上是正交的，这是由于收益率因子与主成分有着极为密切的联系，而构造的主成分是正交的。

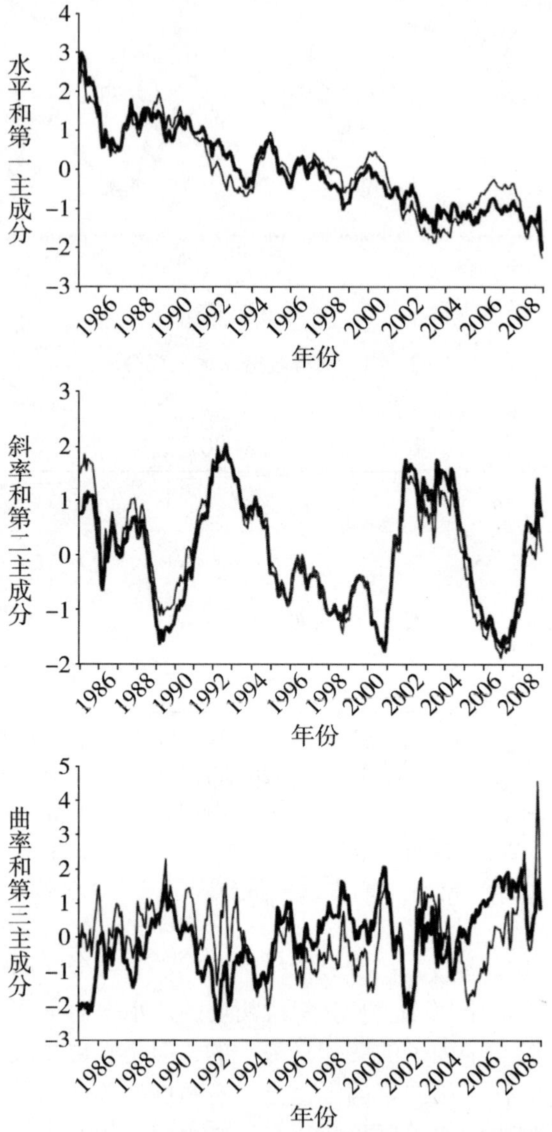


**图 1-4　经验的水平、斜率、曲率和债券收益率的前三个主成分**

注：我们用黑色线条表示标准化的经验的水平、斜率和曲率，用较淡的线条表示前三个标准化的主成分。

对于收益率数量变化不成比例这种情况，它与共同水平因子（common level factor）有着密切的联系，同时它也与水平因子具有的高持久性存在联系，由此我们就可以解释早些时候人们广泛讨论的一些事实，尤其是收益率的持久性极高和利差的持久性极大地减少(因为共同水平因子从利差之中消失)。当然，现实的情况可能要更为复杂一些，斜率因子和曲率因子不免也会对收益率产生一些影响，但不可否认的是，水平因子的影响占据着主导地位。

一个具有高持久性的水平因子收益率，它的因子结构往往受到现行经济理论的约束。现行经济理论非常清楚地表明，由于名义债券收益率的下限受到零的限制，因此这种债券收益率就不应该有单位根，因为单位根的过程含有随机游走的成分，而这种性质又会使得它们最终将向下超过零，这一点几乎是可以肯定的。然而，如果收益率不是太接近于零的话，那么单位根就可能成为一个非常好的分析近似，这方面正如一些学者的分析所指出的那样，这其中包括 Dungey 等人（2000）和 Giese（2008）以及 Jardet 等人（2010）……[①] 但是，在这方面的传统工作中，最引人注目的还是 Dungey 等人（2000）的工作，他们经过研究发现，不仅包括积分而且也清楚地包括协整以及与协整相联系的常用单位根，它们都可以用来表明因子结构。

## 1.5 收益率曲线的问题

到目前为止，我们的分析已经涉及了以下几个方面的问题，即收益率的定义、数据结构、收益率和收益率因子的描述性统计性质，这些方面的分析将为我们后续章节当中的分析奠定一个牢固的基础。我们已经强调了收益率具有的高持久性、利差具有的低持久性，并说明了一种非常好的经验近似分析，这种近似分析运用了一个低维的三因子结构，这种结构包括了具有很高持久性的水平因子和斜率因子。在此基础之上，我们将做一个更为广泛的学术漫游，一方面是向后看，拓展我们此前已经介绍过的主题，另一方面则是向前看，为我们此后分析另外的一些主题奠定基础，这些主题在我们接下来的分析当中将充当十分重要的角色。

### 1.5.1 收益率分析为什么要运用因子模型?

期限结构模型所面临的第一个问题是，就任何一个时间点上大量交易的名义债券来说，模型如何才能涵盖这些债券的价格信息。对此，动态因子模型（dynamic factor models）被证明是有吸引力的，究其重要的原因，可以有以下三个。

第一，正如我们前面已经强调过的那样，因子结构模型往往提供了一个收益率曲线数据的经验描述，而且这种经验描述还是高度精确的。对于数量极大的交易性金融资产来说，由于只存在着一小部分的系统性风险，它们构成了资产定价的基础，因此，我们仅仅也只需要运用少数几个构造变量（constructed variable）或者少数几个因子，就可以将几乎所有的债券价格信息都涵盖其中。由此，有关收益率曲线模型的分析，几乎毫无例外地都采用了这样一种结构，这种结构由一个小的因子集合和相关的因子载荷（factor loading）组成，这些因子载荷可以将不同期限的债券收益率与因子集合当中的因子联系起来。

第二，基于统计方面的原因考虑，对于学者的分析来说，因子模型也表现出了一个极

---

① 作为一种选择，一些更为复杂的模型，例如，Cox 等人（1985）的“平方根过程”模型，可以把单位根的动力学考虑进去，同时，通过要求收益率的条件方差接近于零，就像收益率接近于零一样，仍然可以保持收益率为非负。

大的吸引力。因子模型提供了一个非常有价值的信息压缩，它将一个处理起来非常困难的高维建模情况，转换成了一个处理起来非常容易的低维情况，而且这种转换还是非常有效的。如此，即使收益率数据不能非常好地近似因子结构，对于学者来说，能够得到这种信息压缩带来的收益也将是一个小小的安慰，然而事实还正好与此相反，收益率数据确实能够很好地近似因子结构。因此，我们正处在一个非常幸运的境地之中。出于统计易处理性方面的考虑，我们需要一个低维的因子结构，而且是非常需要这种结构，然而十分幸运的又是，收益率数据实际上也具有这种因子结构，这点是非常重要的。

与此相关，因子结构与“简约原则（parsimony principle）”也保持了一致，我们这里解释的这个原则具有非常广泛的洞察力，它所施加的约束意味着与模型的简洁相关联——甚至是这样的一种约束，也就是可能会降低样本内拟合（in-sample fit）的不具有现实性的约束——它常常也有助于避免数据挖掘的困难，相应地也能够产生令人满意的样本外预测（out-of-sample forecast）。[①] 比如说，尽管一个不受约束的向量自回归模型可以提供一个非常普遍的线性收益率模型，而且这种不受约束的模型还常常具有非常好的样本内拟合，但是，由于这种模型当中存在大量的估计系数，那么单凭此问题就可能降低这个模型的价值，也就是样本外预测的价值。[②]

第三，虽然不能说是全部原因，但至少可以说是部分原因，就是金融经济理论提出了因子结构，并且也经常运用这种结构，理论在因子模型运用这方面所起的作用是非常巨大的。我们在市场上可以看到成千上万的金融资产，但是由于各种各样的原因，我们认为，造成这些金融资产预期收益差异的风险溢价（risk premiums），是由一个更小数量的成分或风险因子所引起的。比如说，在股权投资领域当中有一个非常著名的资本资产定价模型（capital asset pricing model，简称 CAPM），它就是一个单因子模型。在后来的相关研究当中，学者们又加进了其他几个因子，对 CAPM 模型进行了各种各样的扩展（例如，Fama 和 French（1992）），不过，这些扩展有意地保持了非常低的维度，一般来说几乎总是少于 5 个因子。收益率曲线因子模型与一个自然债券市场的情况非常相似。

### 1.5.2 如何构造债券收益率的因子和因子载荷？

对于如何构造债券收益率因子和因子载荷这个问题，在相关学者的分析文献当中，包含了各种各样的方法。

第一种方法是仅仅将结构置于被估计的各个因子上面，让各个载荷处于自由的状况。比如说，因子可以是前几个主成分，这些主成分仅限于是相互正交的，而与此同时，载荷却可以是不受约束的。作为一种替代性选择，因子也可以是观测到的各种各样债券投资组合，比如说，一个长短斜率（a long-short for slope）或者一个蝴蝶曲率（a butterfly for curvature）。

第二种方法正好相反，仅仅将结构置于载荷的上面，让因子处于自由的状况。一个最为经典的例子，就是所谓的 NS 曲线，这条曲线是由 Nelson 和 Siegel（1987）最先提出来的，长期以来，这个模型一直深受市场和中央银行从业人员的青睐。就如 Diebold 和 Li

① 详情请参见 Diebold（2007）的另外讨论。

② 然而，就确定所需要的因子数量来说，简约并不是唯一考虑的因素，精确应用的要求当然也是非常重要的。例如，尽管只需要几个因子，我们就可以解释几乎所有收益率的动态变化，就可以优化预测的精度，然而，就衍生产品的定价来说，如果想要高精度地去拟合某一个时间点的横截面收益率，那么，我们就可能需要更多的因子。

(2006) 所指出的那样，一个适当的动态化版本的 NS 模型，实际上是一个具有水平、斜率、曲率的动态三因子模型。然而，NS 因子是不可观测的，或者说是隐藏的，而且相关的载荷也受到一种函数形式的约束，这种函数形式施加了所有不同期限载荷的平滑、隐含的远期利率的确信，以及这样一条贴现率曲线，也就是随着到期日而趋近于零的贴现率曲线。

第三种方法，也就是无套利动态潜在因子模型（no-arbitrage dynamic latent factor model)，这种模型是一种融资方面的选择模型，它不仅约束因子而且也约束因子载荷。这些模型当中最常见的子类，就是 Duffie 和 Kan（1996）分析传统中的仿射模型（affine models)，该类模型假设潜在因子是线性的或仿射动力学的，并且派生出对因子载荷的相关约束，这些因子载荷可以确保无套利的要求能够得到满足。

### 1.5.3 “无套利”的施加有用吗?

无套利的假设能够保证做到这样一点，在解释了风险对于收益率的影响之后，随着时间的推移，在任何一个时间点上，收益率的动态演化与收益率曲线的横截面形状两者能够保持一致。如果存在一个组织体系完善而且运行机制又非常灵活的债券市场，那么，这种一致性条件就非常可能得到保持。因此，人们就会有理由认为，真实的市场至少是近似无套利的，以至于一个非常好的收益率曲线模型就必须体现出免于套利。

但是，所有的模型都是不真实的，一旦错误设定的模型得到承认，并且这种错误设定还是不可避免的，那么，微妙之处也就出现了。免于套利实质上属于一个内在一致性条件。然而，一个被错误设定的模型或许也能够符合内在一致性条件（无套利)，但是，由于这种错误设定的模型与现实世界又几乎不存在什么联系，因此，它的预测效果也就会很差。此外，在一个被错误设定的模型当中施加一个无套利条件，实际上是会降低模型实际作用的，这种作用的降低是千真万确存在的。

与此相反，一个模型可能承认套利的存在，而且如果它可以为一个更复杂的现实提供一个良好近似的话，那么它的预测效果也就会令人满意。另外，如果现实是无套利的，并且一个模型如果能为现实提供一个非常好的描述，那么无套利的施加想必也就几乎没有什么作用。这也就是说，如果现实是无套利的，即使没有明确施加免于套利的条件，一个精确的模型至少也是近似无套利的。

与此同时，大量的文献表明，在各种不同方向当中（例如，反映了先前的一些观点)，试图诱导或“收缩（shrinking)”的预测可以提高模型的性能，这通过略微增加偏差而使误差方差的大量减少得以有效实现。一个明显的基准收缩方向针对的便是无套利。然而，这里的关键一点在于，这些收缩的方法不会强制要求无套利，恰恰相反，这些方法是试图诱导事情朝向无套利。

如果我们通常只是对这个问题兴趣盎然的话，也就是对本小节标题所提出的问题兴趣盎然的话，那么，我们也会特别饶有兴致地在运用动态 Nelson-Siegel（简称 DNS）的情境当中回答这些问题。第一个问题是，我们构造的 DNS 模型是否可以满足无套利的要求。第二个问题是，假设 DNS 模型可以包括无套利的要求，那么，在有形收益率（physical yield）动力学方面的相关约束是否可以改善预测的性能。

### 1.5.4 期限溢价应当如何设定?

对于风险中性的投资者来说，如果收益率等于预期未来短期利率（相当于詹森不等式期限（Jensen's inequality terms））的平均值，并且不存在预期的债券超额收益，那么在以上情形下，预期假说（expectations hypothesis）便也是行之有效的了。这种预期假说仍是现今大多数宏观经济分析中的一个中流砥柱，无论是在正式的还是在非正式的宏观经济分析中都是如此。然而，出现以下这种情况似乎也是可能的，对于那些提供的是一个不确定收益的债券，如果它们被具有相同规避风险的投资者持有，那么，这些投资者便会要求一个非常大的溢价，作为他们持有这些高风险债券的一个补偿。与此同时，就如许多文献分析所表明的那样，这些分析都运用了统计检验，也就是名义债券（nominal bonds）的风险溢价似乎随着时间的变化而变化，由此表明了时变风险（time-varying risk）的作用、人们对于时变风险的厌恶，或者两者兼而有之（比如说，Campbell 和 Shiller（1999）以及 Cochrane 和 Piazzesi（2005））。①

在相关学者的金融文献之中，有关时变期限溢价建模的基本方法可以分为两种，一种是考虑到了随着时间变化而变化的数量风险（quantities of risk），一种是考虑到了随着时间变化而变化的价格风险（prices of risk）（这两种方法都是将一个单位因子的波动变换成为一个期限溢价（term premium））。在大量有关随机波动分析的文献当中，学者更多采用前一种分析方法，这种方法允许收益率因子随着时间变化而变化。与此相反，典型的高斯仿射无套利融资表达式（Gaussian affine no-arbitrage finance representation，Ang 和 Piazzesi（2003））则采用了后一种分析方法，该法详细说明了有关风险的时变价格。②

### 1.5.5 收益率因子与宏观经济变量如何相关？

对于宏观经济与金融文献之间存在的分析脱节问题，一直以来，这个问题表现出的一个典型例子就是在利率建模方面。在典型的金融模型分析当中，短期利率是几个未被观测到因子的线性函数。长期收益率的变动则主要是由风险溢价的变化所决定，而这些风险溢价的变化又依赖于未被观测到的潜在因子。与此相反，在有关宏观经济的分析文献当中，短期利率的决定则是取决于中央银行的政策目标，中央银行是依照自己制定的稳定宏观经济目标——比如说，减少中央银行目标产量与通货膨胀两者之间的偏离——来决定利率水平的高低。除此之外，宏观经济分析文献还普遍地认为，在很大程度上，长期收益率取决于预期未来的短期利率，而预期未来的短期利率又反过来取决于预期的宏观经济变量。这也就是说，在风险溢价方面可能出现的变化，以及对长期收益率的影响，往往被宏观经济分析文献忽视了，与此同时，这些文献又采用了期限结构预期的假设。

令人惊讶的是，这些完全不同的金融建模策略和宏观经济建模策略在很大程度上处于彼此隔绝的状况，而且这种状况长久以来却还能够一直得以维持。当然，在金融和宏观经济之间，两者在分析视角方面存在的差异，部分反映出它们在面临的问题、分析的方法和探索的途径等方面存在着差异。然而，由于两者之间缺乏交流以及研究文献之间存在的重叠，也使得这些发生在过去的问题，其严重性是令人吃惊的。值得注意的是，DNS 模型和仿射无套利动态潜在因子模型都提供了非常有用的收益率曲线的统计描述，但是，在这两种模型的最原始和最基本的形式当中，就推动经济运动的潜在经济力量的性质来说，这

---

① 然而，Diebold 等人（2006b）认为，存在于预期假说中的统计偏差，它们的重要性可能取决于如何应用方面。

② 在最近的一些文献当中，学者们在构造动态随机一般均衡（dynamic stochastic general equilibrium，简称 DSGE）模型时，采用了一种折中的方法，Rudebusch 和 Swanson（2012）的分析表明，技术型冲击可以内源性产生时变价格风险——具体来说，就是随机贴现因子中的条件异方差——在驱动冲击方面不依赖于条件异方差。

两种模型几乎没有提供任何有价值的洞察力。

因此，为了能够解释决定利率的基本因素，研究人员已经开始将宏观经济变量纳入到DNS模型和仿射无套利动态潜在因子收益率曲线模型之中进行分析。比如说，Diebold等人（2006b）就将DNS模型与宏观经济的向量自回归动态分析结合起来，提供了一个运用DNS表达式进行的宏观经济解释。他们采用的是极大似然估计方法（maximum likelihood estimation approach），从一组含有17种美国国债的收益率之中，提取了3个潜在因子（主要是水平、斜率、曲率），同时他们将这3个潜在因子与3个可观测的宏观经济变量（尤其是实体经济活动、通货膨胀以及一种货币政策工具）结合起来。通过检验DNS收益率因子和宏观经济变量之间的相关性，他们发现了两个不同因子和变量之间存在的相关性：一个是在水平因子与通货膨胀之间，两者呈现出高度的相关性；另一个是在斜率因子与实体经济活动之间，两者也呈现出高度的相关性。而曲率因子则显现出与任何一个主要的宏观经济变量都没有相关性。

关于无套利仿射模型中的宏观经济变量的作用，已经有一些学者的论文对此进行了探讨。在Ang和Piazzesi（2003）的论文当中，宏观经济因子是用来度量通货膨胀和实体经济活动的，对于宏观因子和其他潜在因子的联合动力学，他们采用了向量自回归模型。[①] 通过分析他们发现，产量的冲击会对处于中间的收益率和曲率产生影响，而且这种影响还十分地显著，而通过对通货膨胀的分析，他们又意外地发现了这样一个结果，通货膨胀对整个收益率曲线的水平有一个很大的影响。

Ang和Piazzesi出于便于估计处理方面的考虑，在他们的无套利模型当中，只允许单向因果关系的动态变化，具体而言，就是宏观经济变量有助于确定收益率，但反过来却不是。与此相反，Diebold等人（2006b）则考虑了一个动态的宏观——收益率交互作用的双向特性。他们的研究发现，从宏观经济到收益率这个方向的因果关系，确实非常显著地强于相反方向的因果关系，尽管如此，牢记这一点可能是非常重要的，也就是对于两个方向彼此之间都存在的交互作用。Ang等人（2007）的分析也允许宏观经济与金融之间存在双向的联系，但是，他们的模型同样施加了无套利的约束，而这种约束对于模型的估计则提出了一个严峻的挑战。他们的分析发现，可以归因于宏观因子的收益率数量的变化，取决于方程组是否允许宏观经济与金融之间进行双向联系。当交互作用被限制为一个单方向（也就是从宏观经济到收益率因子）时，宏观因子就只能解释长期收益率变化的一小部分。与此相反，当交互作用被允许是双向时，整个方程组则可以将超过一半的长期收益率数量的变化归于宏观因子。在Bibkov和Chernov（2010）的分析当中，类似的结果在一个更稳健的设置中也得到了说明。

最后，Rudebusch和Wu（2008）二人提供了一个关于宏观经济与金融设定的例子，他们的设定采用了更多的宏观经济结构，不仅包括了理性预期而且也包括了惯性元素。他们的分析运用了两个模型——一个模型是结合了仿射无套利动态设定的模型，这个模型是关于收益率的，另一个模型是小型的、相当标准的宏观经济模型，他们的宏观经济模型包括了一个货币政策反应函数（monetary policy reaction function）、一个产量的欧拉方程

---

① 为了避免依赖于特定的宏观经济系列，Ang和Piazzesi构建了他们自己的实体经济活动和通货膨胀的度量，并将其作为一大组候选宏观经济系列的第一主成分。

（Euler equation）以及一个通货膨胀方程——结果获得了一个令人满意的数据拟合。在他们的模型当中，水平因子反映了众多市场参与者的观点，这些观点事关中央银行所针对的潜在的或中期的通货膨胀目标，斜率因子则解释了中央银行的周期性反应，中央银行的这种反应具体表现为，通过操控短期利率完成自己的双重使命，也就是稳定实体经济和保持通货膨胀接近目标值。除此之外，对于水平因子的冲击，可以通过事前的实际利率反馈到实体经济中去。

## 1.6 进一步的分析

在接下来的章节当中，我们将着力解决这样一些问题，在本章之中已经提出来的但却存在着争论的一些问题，存在着疑问的一些问题，以及其他方面的一些问题。在第 2 章当中，我们将引入 DNS 模型。在第 3 章当中，我们将运用 DNS 模型分析无套利。在第 4 章当中，我们将和大家探讨一下 DNS 模型的各种变化和扩展。在第 5 章当中，我们将对收益率曲线与宏观经济之间存在的交互作用进行深入的探讨。在第 6 章当中，我们将突出目前的前沿分析方面，试图将小麦从谷壳中分离出来，分清良莠，指明其他的前进道路和方向。

# 第2章

# DNS

现在，我们将以本章为出发地，正式开始本书的分析之旅。我们首先运用横截面的分析，开始我们静态的 NS 曲线拟合，但是，我们很快将进入到 DNS 建模，这种工作涉及模型的所有细微之处和条件。在其他方面，我们将重点强调模型的状态空间结构（state-space structure），并且将这种分析推广到了多个国家的建模情境之中，我们还将重点强调这种分析在风险管理和预测方面的应用。

## 2.1 曲线的拟合

正如我们将要看到的一样，NS 模型是将不平滑的收益率拟合成为一条平滑的收益率曲线。当然，人们也可以用一种不同的方式得到一条平滑的收益率曲线，也就是将不平滑的债券价格拟合成一条平滑的贴现曲线，然后，据此推断隐含其中的收益率曲线。这就是收益率曲线拟合如何发展的历史过程，但是，上述这种方法是存在一些问题的，就如在第 1 章当中讨论的一样。

现在我们就开始直接进入静态的 NS 模型分析。无论何时，当人们看到一大组收益率的时候，可能就会想到将其拟合成一条平滑的曲线。Nelson 和 Siegel（1987）就是运用一条远期利率曲线来拟合函数

$$f(\tau)=\beta_1+\beta_2 e^{-\lambda\tau}+\beta_3\lambda\tau e^{-\lambda\tau}$$

相应的静态 NS 收益率曲线是

$$y(\tau)=\beta_1+\beta_2\left(\frac{1-e^{-\lambda\tau}}{\lambda\tau}\right)+\beta_3\left(\frac{1-e^{-\lambda\tau}}{\lambda\tau}-e^{-\lambda\tau}\right) \tag{2.1}$$

请特别注意，这些只是关于拟合横截面收益率的建议，并且采用的是一种简单的函数形式。

如果粗略一看，NS 函数形式似乎是一个相当随心所欲的选择——从逼近任意一条收益率曲线来看，呈现出的是一个理由不那么非常充分的选择。事实上，其他学者采用的其他函数形式也确实取得了一些成功，其中最为引人注目的或许是 Fisher 等人（1995）的平滑样条（smoothing splines）。

然而，NS 模型可以证明，它自身还是有一些特点的，而且这些特点对于学者来说还具有非常大的吸引力。

第一，它令人满意地施加了一些基本的约束，这些约束的依据来自于金融经济理论。比如说，在适当的情况下，相应的贴现曲线满足 $P(0)=1$ 和 $\lim_{\tau\to\infty}P(\tau)=0$。除此之外，零息的 NS 曲线可以满足

$$\lim_{\tau\to 0}y(\tau)=f(0)=r$$

这里 $r$ 为瞬时短期利率，$\lim_{\tau\to\infty}y(\tau)=\beta_1$，$\beta_1$ 为一个常数。

第二，NS 形式为我们提供了一个简洁的近似。对于模型分析来说，简洁是非常有助于分析的，因为它不仅可以促进平滑（收益率往往是非常平滑的期限函数），而且还可以防止样本内的过度拟合（就提供令人满意的预测来说，防止过度拟合是非常重要的），简洁也使得经验方面变得容易处理，并且能够获得可信赖的估计（这种估计始终都是令人满意的）。

第三，尽管 NS 模型的形式是简洁的，但是，它却提供了一个极具灵活性的近似分析。对于分析来说，这种灵活性也是十分有益的，因为在不同的时间，收益率曲线往往会呈现出各种不同的形状。学者的检验结果已经显示，根据这四个参数值（$\beta_1$、$\beta_2$、$\beta_3$、$\lambda$）的不同，NS 曲线的可以呈现出以下几种：水平形状、线性增加或减少形状、以一个递增或递减的速率增加或减少的形状、U 形或倒 U 形。在很大的程度上，如果模型的约束具有约束力的话，那么，模型就会只具有一个内部最优，因为收益率曲线趋向于不随期限而“扭动”。

第四，从一个数学逼近理论的观点看，NS 形式远远不是随心所欲选择的产物。因为 Nelson 和 Siegel 二人富有洞察力地指出，与收益率曲线相一致的远期利率曲线（2.1），它是一个常数加上拉盖尔函数（Laguerre function）。拉盖尔函数是多项式乘以指数衰减项，众所周知，这个函数也是在函数域 $[0,+\infty)$ 中的数学逼近函数，函数域 $[0,+\infty)$ 与利率期限结构的范围也是相匹配的。除此之外，就像最近研究已经发现的那样，并且也像我们以后将要讨论的那样，NS 令人满意的逼近理论性质，已经远远地超出了其模型的拉盖尔结构（Laguerre structure）。

正是由于以上所说的这些原因，在实践当中，NS 已经成为了一种非常受欢迎的静态曲线拟合，尤其是在金融市场的从业者和中央银行的工作人员中间，这点就如前面所述，比如说，Svensson（1995）、国际清算银行（BIS 2005）、Gürkaynak（2007）以及 Nyholm（2008）。事实上，美国联邦储备体系理事会（FRB）为了适合网络传播的需要，每天都会在网络上公布 NS 的实时收益率曲线，这种做法就像欧洲中央银行（ECB）所做的一样。[①] 下面我们就将正式开始我们的 DNS 曲线分析之旅。

## 2.2 引入动态

追随 Diebold 和 Li（2006）的分析足迹，现在我们能够认识到，如果收益率曲线是时变的话（显而易见，收益率曲线确实是时变的），那么 NS 的参数也必须是时变的。由此导致了一个与静态的 NS（2.1）相联系观点的颠覆，从而也就产生了一些非常关键的见解。

① FRB 和 ECB 的收益率曲线实际上是基于 Svensson（1995）介绍的 NS 扩展，这种扩展我们将在第 4 章当中进一步讨论和延伸。

### 2.2.1 技术

考虑具有固定 $t$ 的一个横截面情境，NS 模型是

$$y(\tau)=\beta_1+\beta_2\left(\frac{1-e^{-\lambda\tau}}{\lambda\tau}\right)+\beta_3\left(\frac{1-e^{-\lambda\tau}}{\lambda\tau}-e^{-\lambda\tau}\right)$$

这是 $y(\tau)$ 的一个横截面的线性投影，变量为 $(1,((1-e^{-\lambda\tau})/\lambda\tau)、((1-e^{-\lambda\tau})/\lambda\tau-e^{-\lambda\tau}))$，变量的参数为 $\beta_1$、$\beta_2$、$\beta_3$。①

作为另外一种选择，我们也可以考虑具有固定 $t$ 的一个时间序列情境，这时的 NS 模型则变为

$$y_t=\beta_{1t}+\beta_{2t}\left(\frac{1-e^{-\lambda\tau}}{\lambda\tau}\right)+\beta_{3t}\left(\frac{1-e^{-\lambda\tau}}{\lambda\tau}-e^{-\lambda\tau}\right)$$

这是关于 $y_t$ 的一个时间序列的线性投影，需要特别注意的是，这里的变量变成了 $\beta_{1t}$、$\beta_{2t}$、$\beta_{t3}$，同样需要特别注意的是，这里的参数也变成了 $(1,((1-e^{-\lambda\tau})/\lambda\tau),((1-e^{-\lambda\tau})/\lambda\tau-e^{-\lambda\tau}))$。

因此，从一个横截面的角度来看，$\beta_s$ 是一个参数，但是，从一个时间序列的角度来看，$\beta_s$ 却又成为了一个变量。如果将空间和时间两个角度结合起来，我们就可以得出一个 DNS 模型：

$$y_t(\tau)=\beta_{1t}+\beta_{2t}\left(\frac{1-e^{-\lambda\tau}}{\lambda\tau}\right)+\beta_{3t}\left(\frac{1-e^{-\lambda\tau}}{\lambda\tau}-e^{-\lambda\tau}\right) \tag{2.2}$$

在本书当中，大部分内容都是有关 DNS 模型（2.2）和它各种各样的变化、扩展和运用。

### 2.2.2 解释

从操作的层面上来讲，DNS 模型（2.2）只不过是带有时变参数的 NS 模型（2.1）。然而，对于 DNS 模型（2.2）的解释却是非常复杂和十分深奥的：该模型从收益率曲线当中提取了三个动态、潜在的因子（$\beta_{1t}$、$\beta_{2t}$、$\beta_{3t}$），这些因子之中的动力学完全决定了任何 $\tau$ 的 $y_t$ 的动力学，而这些因子中的系数（“因子载荷”），则完全决定了任何 $t$ 的 $y(\tau)$ 的横截面变化。

可以说，DNS 模型是“动态因子模型（dynamic factor model）”的一个典型例子，在这个例子当中，一个高维组变量（在这种情况下，许多收益率都已经到期）实际上是由许多处于非常低维状态的动力学（在这种情况下，也就是由三个潜在的收益率因子）所驱动。我们这里所介绍的动态因子模型，它们最早可以追溯到 Sargent 和 Sims（1977）和 Geweke（1977）等人的分析。②

采用动态因子结构是非常便于统计的，因为这种结构将看起来十分棘手的高维情境，转换成了非常容易处理的低维情境。当然，如果人们只是为了分析简单而假设因子结构，但是数据又不能满足这种假设因子结构要求的话，那么，人们只能得到一个被错误设定的模型。然而，非常幸运的是，金融资产收益率通常显示出它们具有这种低维的因子结构，因此这种因子结构并非只是出于分析假设，而是千真万确存在的。在我们可以看到的几十种债券收益率当中——这里，我们可以举一个接近于利率的例子，以此来说明债券收益率

---

① 现在，我们假设 $\lambda$ 是已知的，稍后我们将会详细说明 $\lambda$。
② 详情请参见 Watson 和 Engle（1983）的分析。

的变化——它们显然不是各自独立变化的。而实际情况正好相反，它们往往是趋向于一起变化，当然，它们变化的步调可能并不一致，究其原因可能有很多，有多种因子共同作用的原因，也有特异性因子（idiosyncratic factor）作用的原因，当我们在后面不断地丰富和完善自己的模型时，很快就可以见到这些特异性因子。以上所说的这些道理，同样适合于股票市场和外汇市场以及宏观经济基本面的分析，因为它们往往也是一起随同商业周期循环而变化的。正是由于这个原因，因子结构现在已经成为了金融资产定价理论以及实践的一个核心。①

既然因子结构如此重要，人们很自然地就希望能对潜在因子（$\beta_{1t}$、$\beta_{2t}$、$\beta_{3t}$）有更多的了解。它们究竟有着什么意义？它们究竟有着什么作用？请特别注意这两个问题，从如下因子载荷的检验当中，我们可以找到这些问题的答案。在图 2-1 中，我们可以运用图形的形式，分别将三个 DNS 的因子载荷用三个期限函数表示出来。

首先，我们考虑加在$\beta_{2t}$和 $(1-e^{-\lambda\tau})/\lambda\tau$ 上的载荷，它是这样的一个函数，先是从 1 开始，但单调衰减并迅速降至 0。因此，它也常常被称之为“短期因子（short-term factor）”，这种因子影响的主要是短期收益率。

其次，我们再来考虑加在$\beta_{3t}$和 $(1-e^{-\lambda\tau})/\lambda\tau-e^{-\lambda\tau}$上的载荷，它先是从 0 开始（由此说明它不是短期），随后不断地增加，然后又衰减为 0（由此说明它也不是长期）。因此，它也通常被称之为“中期因子（medium-term factor）”，相应地，这种因子主要影响的是中期收益率。

最后，我们再来考虑加在$\beta_{1t}$上的载荷，它是一个值为 1 的常量，所以，它在极限上是不会衰减到 0 的。因此，不同于其他另外两个因子，它影响的是长期收益率，因此，它也常常被称为“长期因子（long-term factor）”。

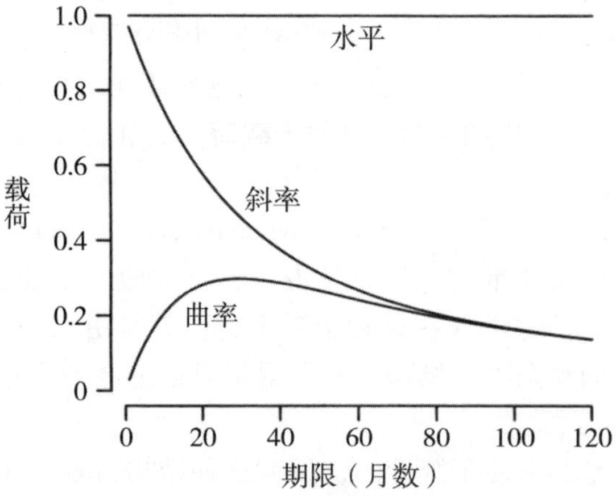


**图 2-1　DNS 的因子载荷**

注：我们运用图形的形式，分别将三个 DNS 的因子载荷用三个期限函数来表示，这里的 λ=0. 609。

到目前为止，我们已经分别命名了不同的三个因子，也就是长期因子、短期因子以及中期因子，从收益率的期限方面来看，在不同的期限内，这些因子各自有着相对最大的影响。然而，需要特别注意的是，这些因子还有一个十分重要的作用，由于这些因子对收益

① 详情请参见 Campbell 等人（1997）以及 Cochrane（2001）的分析。

率曲线的整体形状会产生影响，因此，我们也就可以利用它们来解释收益率曲线的整体形状。

关于这一方面，我们可以运用一个例子直接加以说明，比如说，$\beta_{1t}$支配和影响着收益率曲线的水平，它是体现收益率曲线形状的一个非常重要方面，也就是$\beta_{1t}$的增加会导致收益率曲线平行的移动，进而引起所有的收益率随之出现相同的增加，因为加在$\beta_{1t}$上的载荷对于所有的期限都是完全相同的。与此相同，$\beta_{2t}$支配和影响着收益率曲线的斜率，它也是体现收益率曲线形状的一个重要方面，也就是$\beta_{2t}$的增加可以引起短期收益率的大幅增加（因为这些收益率在$\beta_{2t}$上的载荷很重），但是，它往往不会引起长期收益率发生变化（因为这些收益率在$\beta_{2t}$上的载荷往往可以忽略不计）。[①]

最后，$\beta_{3t}$支配和影响着收益率曲线的曲率，它同样是体现收益率曲线形状的一个重要方面，也就是$\beta_{3t}$的一个增加，常常不会引起短期收益率发生很大的变化（因为这些收益率在$\beta_{3t}$上的载荷不是很重），并且往往也不会引起长期收益率发生很大的变化（因为这些收益率在$\beta_{3t}$上的载荷也不是很重），然而，它却会引起中期收益率的变化（因为这些收益率在$\beta_{3t}$上的载荷是相对较重的）。

如果我们知道了$\beta_{1t}$支配和影响着收益率曲线的水平，$\beta_{2t}$支配和影响着收益率曲线的斜率，那么，除此之外，注意到这样一点将是非常有意思的，也就是瞬时收益率的高低，瞬时收益率不仅取决于水平因子而且也取决于斜率因子，原因在于$y_t(0)=\beta_{1t}+\beta_{2t}$。在其他学者采用的一些模型分析当中也具有相同的含义。需要特别指出的是，Dai 和 Singleton（2000）的研究表明，Balduzzi 等人（1996）和 Chen（1996）二者对一个三因子模型施加了一个约束，这个约束就是瞬时收益率仅仅是三个状态变量之中的两个的一种仿射函数（affine function），这也是一个由 Andersen 和 Lund（1997）三因子非仿射模型（three-factor nonaffine model）共享的性质。

### 2.2.3 替代的因子分解

请注意，我们现在这里所称的“NS 曲线”，实际上只不过是一条不同于因子分解的 NS 曲线，这种曲线原先是由 Nelson 和 Siegel（1987）二人倡导的，他们使用了

$$y_t(\tau)=b_{1t}+b_{2t}\left(\frac{1-e^{-\lambda\tau}}{\lambda\tau}\right)-b_{3t}\left(e^{-\lambda\tau}\right)$$

这条原始的 NS 收益率曲线与我们的$b_{1t}=\beta_{1t}$，$b_{2t}=\beta_{2t}+\beta_{3t}$和$b_{3t}=\beta_{3t}$十分吻合。然而，在 NS 的因子分解当中，载荷$(1-e^{-\lambda\tau})/\lambda\tau$和$e^{-\lambda\tau}$也有着类似单调递减的形状，对于不同的因子$b_{2t}$和$b_{3t}$来说，这种形状要给予它们不同的解释就会十分困难。而在我们的因子分解当中，载荷有着明显不同的形状，并且对于水平、斜率和曲率因子也有着相应明显不同的解释。

## 2.3 状态空间表达式

我们只需要改变一些符号，这些符号是突出对 DNS 因子的“水平、斜率和曲率”解释的，如此，我们就可将我们自己的 DNS 模型写成

---

① 非常有趣的是，我们注意到一些学者将收益率曲线的斜率定义为$y_t(0)-y_t(\infty)$，实际上它就等于$\beta_{2t}$，而且是正好完全相等，见 Frankel 和 Lown（1994）。

$$y_t(\tau)=l_t+s_t\left(\frac{1-e^{-\lambda\tau}}{\lambda\tau}\right)+c_t\left(\frac{1-e^{-\lambda\tau}}{\lambda\tau}-e^{-\lambda\tau}\right)$$

在上式当中，$t=1,\ldots,T$，$\tau=1,\ldots,N$。跟随 Diebold 等人（2006b）的分析路径，现在我们也可进入到一个状态空间（state-space）的解释。

### 2.3.1 测量和过渡

如果将随机误差项加入到确定的 DNS 曲线之中，那么我们就可以得到一个测量方程（measurement equation），这种方程随机地将 $N$ 收益率的集合与三个不可观察的收益率因子联系了起来，

$$y_t=\Lambda f_t+\varepsilon_t \tag{2.3}$$

在上式当中的变量为

$$y_t=\begin{pmatrix}y_t(\tau_1)\\y_t(\tau_2)\\\vdots\\y_t(\tau_N)\end{pmatrix},\ f_t=\begin{pmatrix}l_t\\s_t\\c_t\end{pmatrix},\ \varepsilon_t=\begin{pmatrix}\varepsilon_t(\tau_1)\\\varepsilon_t(\tau_2)\\\vdots\\\varepsilon_t(\tau_N)\end{pmatrix}$$

参数矩阵是

$$\Lambda=\begin{pmatrix}1 & \frac{1-e^{-\tau_1\lambda}}{\tau_1\lambda} & \frac{1-e^{-\tau_1\lambda}}{\tau_1\lambda}-e^{-\tau_1\lambda}\\ 1 & \frac{1-e^{-\tau_2\lambda}}{\tau_2\lambda} & \frac{1-e^{-\tau_2\lambda}}{\tau_2\lambda}-e^{-\tau_2\lambda}\\ \vdots & \vdots & \vdots\\ 1 & \frac{1-e^{-\tau_N\lambda}}{\tau_N\lambda} & \frac{1-e^{-\tau_N\lambda}}{\tau_N\lambda}-e^{-\tau_N\lambda}\end{pmatrix}$$

在上式当中，$t=1,\ldots,T$。我们将随机误差 $\varepsilon_t(\tau)$ 解释为"特殊的"，或者说是期限设定的因子。因此，对于每个收益率 $y_t(\tau)$ 来说，它们部分地是由共同因子（common factor）$l_t$、$s_t$ 和 $c_t$ 所驱动（这就解释了为什么收益率在某些方面的变动是一致的），部分地是由其自身的特异性因子 $\varepsilon_t(\tau)$ 所驱动。

现在，我们需要设定共同因子动力学，也就是所谓的过渡方程（transition equation）。我们可以运用一阶向量自回归，

$$(f_t-\mu)=A(f_{t-1}-\mu)+\eta_t \tag{2.4}$$

在上式当中的变量是

$$f_t=\begin{pmatrix}l_t\\s_t\\c_t\end{pmatrix},\ \eta_t=\begin{pmatrix}\eta_t^{\ l}\\\eta_t^{\ s}\\\eta_t^{\ c}\end{pmatrix}$$

参数向量和矩阵是

$$\mu=\begin{pmatrix}\mu^l\\\mu^s\\\mu^c\end{pmatrix},\ A=\begin{pmatrix}a_{11}&a_{12}&a_{13}\\a_{21}&a_{22}&a_{23}\\a_{31}&a_{32}&a_{33}\end{pmatrix}$$

显然，$\mu$ 是因子的平均值，$A$ 支配着因子动力学。

状态空间结构是非常普通的。出于使用符号方便的考虑，在收益率因子当中，我们将状态动力学表示为一阶，其实，作为众所周知的道理，较高阶的动力学总是可以改写成为

一个一阶方程的。因此，状态空间结构包括了在特殊情况下人们几乎可以想象出的任何非线性动力学。[1] 关于这方面的分析，可以参见 Golinski 和 Zaffaroni（2011）二人的成果，他们关于长记忆模型（long-memory）的构想在 DNS 收益率曲线建模方面的应用，也是一个令人非常感兴趣的应用。

为了完成我们自己的方程组，我们现在只需要设定测量和过渡扰动的协方差结构就可以了。我们做了一些标准的假设，也就是白噪声过渡和测量扰动是相互正交的，并正交到初始状态：

$$\begin{pmatrix}\eta_t\\ \varepsilon_t\end{pmatrix} \sim WN\left(\begin{pmatrix}0\\0\end{pmatrix}\begin{pmatrix}Q & 0\\ 0 & H\end{pmatrix}\right) \tag{2.5}$$

$$E\left(f_0\,\eta'_t\right)=0\ ,\ E\left(f_0\,\varepsilon'_t\right)=0 \tag{2.6}$$

需要特别注意的是，在这里，我们并没有假设高斯测量和/或过渡的扰动。对于建立在方程组（2.3）～（2.6）基础之上的各种各样提取、预测以及估计的效率性质来说，虽然它们是各不相同的，这依赖于正态是否能够得到满足，但是，对于随后的分析来说，正态却并不是必需的。

当然，状态空间表达式（2.3）～（2.6）并不是唯一的。比如说，如果状态向量不是一定要求为一个非零均值的话，那么，无论是在测量方程当中还是在过渡方程当中，我们都可以简单地只包括一个常数。这种做法一般来说是无关紧要的。然而，在因子模型当中，存在着一个更深层次的识别问题，这个问题通常需要人们将一个共同因子的载荷或特异性因子的方差正规化。

### 2.3.2 最优提取和预测

DNS 模型的状态空间结构意味着，对于最优滤波和平滑潜在的收益率因子（我们可以用一个明显的符号 $f_{t,1:t}$ 和 $f_{t,1:T}$ 来表示）来说，卡尔曼滤波器（Kalman filter）是立即就可以加以运用的，同样，对于最优的一步超前预测（one-step-ahead prediction）或常规的 $h$ 步超前预测（$h$-step-ahead prediction）的收益率因子和可观测到的收益率（$f_{t+1,1:t}$、$f_{t+h,1:t}$、$y_{t+1,1:t}$、$y_{t+h,1:t}$）来说，道理也是一样。我们说卡尔曼滤波器能够实现提取和预测的最优，这是从线性最小二乘法的意义上来说的。因此，在正态下卡尔曼滤波器提供了条件期望，而更为一般的是，它提供了一个线性预测。这些结果和实现它们的机制都是标准的。[2] 当然，对于一组特定的参数值来说，滤波、平滑、预测等都是有条件的。在实践当中，这些参数值都是未知的，因此我们必须对它们进行估计，对此，下面我们就正式转入到这个话题。

## 2.4 估计

就 DNS 模型的估计来说，有一些程序是可以加以运用的，范围是从一个简单的两步骤程序，到运用状态空间表达式并结合卡尔曼滤波器精确的极大似然估计，再到运用马尔可夫链的蒙特卡罗方法的贝叶斯分析（Bayesian analysis using Markov-chain Monte Carlo methods）。现在，我们就来分别介绍它们，并提供一些可供比较的评估。

---

① 一个例外——也许是唯一一个让人感兴趣的例外——是长记忆动力学，这种动力学不承认有限维状态的表达式。然而，简单的一阶自回归的加总就可很容易、很好地近似长记忆过程，这点就像 Granger（1980）所揭示的。

② 有关这方面的详细信息，请参阅标准文本，例如，Harvey（1990）的分析。

### 2.4.1 横截面中的静态 NS

首先，我们来考虑横截面当中的静态 NS 模型估计。具有四个参数的 NS 曲线（2.1），就它的本质来说其实是非线性的，但是，通过平方函数（非线性最小二乘法）加总的迭代数值最小化，我们就可以对曲线进行估计。除此之外，特别重要的是：如果 $\lambda$ 是已知的或者可以得到校准的话，那么估计涉及的就只是 $y(\tau)$ 关于 1、（$(1-e^{-\lambda\tau})/\lambda\tau$）和（$(1-e^{-\lambda\tau})/\lambda\tau-e^{-\lambda\tau}$）的繁复琐碎的线性最小二乘回归。

在实践当中，$\lambda$ 往往能够得到可靠的校准，这是毋庸置疑的，$\lambda$ 也常常被视为已知的，就如以下分析那般。请注意，$\lambda$ 决定了曲率因子 $c_t$ 上的载荷在哪里可以达到最大值。就驱动曲率的 $c_t$ 来说，它的载荷最大应该出现在一个中等期限 $\tau_m$。人们可以简单地选择一个合理的 $\tau_m$，并且通过反向工程就可以得到相应的 $\lambda_m$。对于 $m$ 值来说，常用的取值范围是在两年至三年之间，比如说，Diebold 和 Li（2006）使用了 $m=30$ 个月。对于精确选择的 $\lambda$ 来说，模型的拟合通常是稳健的。

### 2.4.2 两步 DNS

第一种 DNS 估计方法，也就是所谓的两步 DNS 方法，它是由 Diebold 和 Li（2006）二人最先提出来的。我们首先考虑了校准 $\lambda$ 的情况。在步骤一当中，我们运用了普通最小二乘法（OLS）来拟合每个时期（$t=1, \dots, T$）的静态 NS 模型（2.1）。由此我们就可以得到一个三维时间序列的估计因子，也就是 $\{\hat{l}_t, \hat{s}_t, \hat{c}_t\}_{t=1}^{T}$，以及得到一个残余定价错误的 $N$ 维序列（“测量扰动”），也就是 $\{\hat{\varepsilon}_t(\tau_1), \hat{\varepsilon}_t(\tau_2), \hat{\varepsilon}_t(\tau_N)\}_{t=1}^{T}$①。这里最为关键的是，DNS 将一个收益率的 $N$ 维时间序列提炼成了一个收益率因子的三维时间序列，也就是 $\{\hat{l}_t, \hat{s}_t, \hat{c}_t\}_{t=1}^{T}$。

接下来，在步骤二中，我们将拟合一个关于 $\{\hat{l}_t, \hat{s}_t, \hat{c}_t\}_{t=1}^{T}$ 的动态模型。为此，一个显而易见的选择是一个向量自回归，不过，同时也存在着其他许多选择的可能性，其中的一些我们将会在随后的分析中加以讨论。通过步骤二拟合的模型，我们就可以得到支配收益率因子（“过渡方程参数”）变化的动态参数估计，同样，我们也可以得到因子创新的估计（“过渡扰动”）。

具有校准 $\lambda$ 的两步估计（相对于我们马上就要进行讨论的一步估计来说）的优点，在于它的简单、方便以及数值的稳定性：除了繁复琐碎的线性回归分析之外，再没有什么其他的要求。除此之外，如果需要的话，人们当然也可以对 $\lambda$ 进行同样的估计，如此这般只会使复杂性有一个略微的增加。这样，人们在对 $\lambda$ 进行估计时，在第一步当中，OLS 就变成了四参数的非线性最小二乘回归，在第二步当中，$\{\hat{l}_t, \hat{s}_t, \hat{c}_t\}_{t=1}^{T}$ 的三维动态模型就变成了 $\{\hat{l}_t, \hat{s}_t, \hat{c}_t, \hat{\lambda}_t\}_{t=1}^{T}$ 的四维动态模型。② 两步估计的成本在于它在统计方面可能是次优的，在第二个步骤当中，如果人们忽略了第一个步骤当中的参数估计误差的话，那么就可能会扭曲第二步所得出的推论。

---

① 需要注意的是，由于各种各样期限的时距并不是相同的，因此，在拟合模型时，我们的分析暗含着这一点，对于收益率曲线最“活跃”的区域，相应地也赋予了最大的权重，这样做或许是令人满意的。探讨损失函数（loss functions）将是非常有趣的，这种函数进一步反映出这些方面的经济考虑，例如，建立在对债券投资组合定价或成功的交易规则基础上的考虑，例如，对于这些方面的经济考虑，Bates（1999）和 Fabozzi 等人（2005）在不同但相关的情境中进行了分析。到目前为止，有关 DNS 的分析文献已经不再积极地遵循这条分析路径了。

② 请注意到目前为止，我们已经考虑了 $\lambda$ 的两种相当极端情况：校准和固定的，或估计和时变的。当然，人们可能有兴趣估计处于中间而且是固定的情况下的 $\lambda$。由此证明是对两步估计的一个挑战，但是对于简单的一步估计，我们将会在后面再加以介绍。

### 2.4.3 一步 DNS

这里所说的第二种估计方法，它是由 Diebold 等人（2006b）首先提出来的，也就是所谓的一步 DNS 方法。这种方法的基本观点是，DNS 状态空间结构的运用，允许人们同时进行所有的估计。

我们可以在几个方面接近和做到这里的一步估计方法。从经典的方面来看，通过运用卡尔曼滤波器，人们可以进行精确的极大似然估计，它提供了高斯伪似然（Gaussian pseudo likelihood）评价所需要的创新，它还可以最大程度地运用传统的（比如说，基于梯度的）数值方法。除此之外，人们依然还是可以利用卡尔曼滤波器，但是通过采用数据增强（data-augmentation）的方法，比如说期望最大化（EM）的算法，由此同样也可以得到似然度最大。最后，如果人们愿意并且能够为所有的参数设定先验的分布，那么，人们就可以再一次利用 DNS 的状态空间结构，展开一个充分的贝叶斯（Bayesian）分析。①

#### 2.4.3.1 数值高斯拟极大似然估计（Gaussian QMLE）

众所周知，对于我们模型（2.3）~（2.4）的状态空间表达式运行卡尔曼滤波器，导致了一步超前的预测误差，对于这种预测误差，高斯伪似然可以计算出任何参数配置的值。据此，人们可以得到用数字表示的参数配置值，这个配置值使得似然度最大化。传统的基于梯度的优化方法，就像前面 Diebold 等人（2006b）已经运用过的，它在历史上是最为流行的方法，对于这种方法的改进，比如说由 Koopman 和 Shephard（1992）提供的分析计分函数（score functions），可以用来提高分析性能。

然而，在 $N$ 收益率方程组（2.3）~（2.6）当中，有为数众多的参数。在测量方程（2.3）当中，没有具有固定 $\lambda$ 的参数，有一个需要估计 $\lambda$ 的参数。然而，在过渡方程（2.4）当中，有 12 个参数（3 个均值和 9 个动态参数）。而且，至关重要的是，在测量和过渡扰动当中存在着许多的方差——协方差结构（2.5）。测量扰动的协方差矩阵具有 $(N^2+N)/2$ 个参数，而过渡扰动的协方差矩阵具有 6 个参数。

如果我们运用传统的方法进行可靠性估计，也就是运用基于梯度的数值优化方法，这将是一个数量巨大的参数。比如说，一个典型的、含有 15 个收益率的方程组会有 139 个参数。即使一个潜在的、苛刻的假设，比如说，对角 $A$、$Q$ 和 $H$ 矩阵，仍然会有 $N+10$ 个参数，这是一个极具挑战性的问题，如果不是荒谬的话（当然，人们通常也不会假定这样的对角矩阵，这是毫无疑问的）。

至此，我们可以得出的结论是，运用传统的基于梯度数值的似然度最大化方法来作拟极大似然估计（QMLE），常常是非常棘手的，往往面临的挑战也是最大的。另一种方法就是运用一个序列的线性操作方法，取代了传统的基于梯度的优化计算，这种序列的线性操作方法可以让人们达到相同的目的。这种方法就是 EM 算法，我们现在就转到这个算法，它可以精确地进行 QMLE 估计。

#### 2.4.3.2 高斯 QMLE 的 EM 算法

使用起来简单而又极具吸引力的 EM 算法，可谓是专门为状态空间模型量身定做的，

---

① 关于状态空间模型的贝叶斯分析，它的算法细节请参见 Koop（2003）的分析。在这里，我们只是强调问题和直觉。

极大地拓展了人们的洞察力。如果参数是已知的话，那么，运用它我们就可以很容易地对状态序列做出一个非常好的猜测，反之，如果状态序列是已知的话，那么，运用它我们也可以很容易地构建一个良好的参数估计。EM 算法将似然最大化转换成了一个状态提取（state extraction）的迭代序列（iterative sequence）和线性回归的迭代序列，并且这种方法能够保证在每次迭代当中增加似然度。①

EM 算法给人一种非常强的直觉。试想一下，假如我们在某种程度上能够知道状态向量 $\{l_t, s_t, c_t\}_{t=1}^{T}$ 的话（这点非常重要），那么，参数估计也就会变得简单多了；对于测量方程（2.3）的估计仅仅也就是对于一个看似不相关的回归方程组的估计，对于过渡方程（2.4）的估计也仅仅就是对于一个一阶向量自回归的估计，无论是对于方程（2.3）还是方程（2.4），对于它们的估计都是标准的、稳健的和快速的。

当然，在现实当中，我们实际上是不知道上面所说的状态向量的，但是，对于任何给定的参数配置，我们都可以运用卡尔曼滤波器做出最佳的提取（这是大致的 E 步骤）。然后，在运行卡尔曼滤波器提取了状态向量的条件下，我们可以运用上面看似不相关的回归和向量自回归，获得新的、更新了的参数估计（这是大致的 M 步骤）。然后，运用前面更新了的参数估计，我们又可以得到一个更新了的状态向量提取……不断迭代直至收敛。

需要注意的是，两步的 DNS 估计非常类似于 EM 的一个迭代。在两步 DNS 当中，我们运行一组回归（一次）来估计状态向量，然后，在估计了状态向量的条件下，我们运行另一组回归（一次）来估计方程组的参数。

2.4.3.3　高斯 QMLE 的快速滤波

也许令人十分惊讶的是，尽管高维参数空间一直存在一些挑战，但是收益率的高维观测向量也存在一些问题，也就是不理会潜在参数的数量，因为它使得卡尔曼滤波器的运行和平滑变得缓慢。因此，缓慢的滤波既会影响在 2.4.3.1 中基于梯度的优化，又会影响在 2.4.3.2 中基于 EM 的优化。

然而，Jungbacker 和 Koopman（2008）二人的分析说明了如何实现快速的滤波。他们的分析方法是，动态因子模型通常可以通过转化，使得所观测到的向量与状态向量两者具有相同的维数。他们二人的方法可以与另外两种方法结合起来，也就是 Koopman 和 Durbin（2000）的有效多元滤波方法（multivariate filtering method）与前面提及的 Koopman 和 Shephard（1992）的计分函数，这些方法的结合有助于提供实用的基于梯度数值的高斯拟极大似然估计。

作为一种选择，正如前面我们所讨论的那样，人们也可以不用基于梯度的方法，而是运用 EM 方法来替代。然而，在上面所述的那种情境下，Jungbacker 和 Koopman（2008）以及 Koopman 和 Durbin（2000）二者的结论同样是有用的，因为它仍然需要多次运行卡尔曼滤波器。

最后，需要指出的是，人们常常可以将各种不同方法结合起来，富有成效地加以运用。比如说两步 DNS，它可以提供快速、准确的 EM 迭代启动值。除此之外，EM 算法通

① 一个关于 EM 的更详细讨论，以及与其相关方法的说明和有关的参考文献，请参见 Tanner（1993）的分析。在计量经济学中，EM 动态因子模型的启用是由 Watson 和 Engle（1983）完成的，这是一个经典的应用，Reis 和 Watson（2010）提供了一个最近的计量经济学在高维情形下的应用。

常可以非常迅速地接近最优，但是，它在达到完全收敛时最终会慢下来。[①] 于是，人们此时可能又会切换到基于梯度的方法，如果给定了来自 EM 的高度精确的启动值，那么这种方法可以快速地达到最优。

2.4.3.4　贝叶斯估计

有关高维空间的优化问题始终是一个极具挑战性的问题。到目前为止，我们已经讨论了某些方法或方法的组合，它们所面临的这一问题可能要比其他方法好一些。尽管如此，所有的方法都必须努力去解决这个问题。

因此，我们现在将目光转移到贝叶斯方法，该方法或许有助于解决这个问题，因为利用矩估计方法求平均可以取代求优化（比如说，后面的方法）。从数学方法上来说，求平均要比求优化简单一些。[②]

即使我们不考虑上面的实用主义动机，从通常的道理来讲，只要人们愿意并且能够设定一个可靠的先验和似然，那么，DNS 的贝叶斯分析也可能具有一定的内在吸引力（这方面请参见 Koop（2003））。Carter 和 Kohn（1994）二人的多重运动吉布斯采样器（multimove Gibbs sampler），可以使状态空间模型的简单贝叶斯分析变得更加容易，例如 DNS 模型。[③]

除此之外，在 DNS 的情境当中，贝叶斯分析可能还具有一些特别的吸引力，原因在于它有一个潜在的自然收缩方向（换言之，一个自然的先验平均），由此也就与前面所说的一种约束保持了一致，这种约束与缺乏套利的可能性相联系。在随后的分析中，我们将会用非常多的篇幅来专门分析无套利问题，在 DNS 的情境中无套利意味着什么？这种严格的无套利约束是否令人满意？由于贝叶斯收缩估计融合了先验和数据信息，因此它具有潜在的吸引力，它是引导而不是强迫 MLE 朝向先验平均，确切的数值依赖于相对于似然曲率的先验精确度。无论在什么情况下，如果人们打算收缩极大似然估计的话，无论是在一个方向还是在另一个方向上，那么，一个自然收缩的方向——一个明确受到经济金融理论激励的方向——似乎是朝向了无套利。

2.4.3.5　讨论

依据我们的观点，有一点是毫无疑问的，也就是状态空间结构是一种将 DNS 结构和估计进行概念化的方式，这种方式的作用是非常强大的，也是极富成效的。从原则上来说，运用状态空间结构所进行的一步估计，它是优于两步估计方法的，这一点也是毋庸置疑的。

然而，由于我们通常拥有足够多的横截面变化，所以，据此我们也可以做出合理的推测，在实践当中，运用两步估计所引起的损失实际上是非常小的，如此使得每一次对于时间 $t$ 的 $\hat{l}_t$、$\hat{s}_t$和 $\hat{c}_t$ 估计都是非常准确的。除此之外，在实际应用当中，我们的分析已经发现，基于梯度的一步估计通常是不容易处理的，或者是不值得完全信赖的。需要特别指出的是，在两步法和传统的基于梯度的一步估计程序之间，如果我们一定要在两者之间做出选择的话，那么我们会更倾向于选择两步法。个中原因在于，当传统的一步法收敛时，两

---

① 在最初的 EM 论文之中，Dempster 等人（1977）的分析表明，EM 是以一个线性的速率达到收敛的，与此相反，许多基于梯度的算法可以实现更快的二次率。

② 当然，求优化和求平均这两种方法是相关的，无论如何这点就如 Chernozhukov 和 Hong（2003）所强调的那样。

③ 详情也请参见 Kim 和 Nelson（1999）的论述和具有深刻见解的运用。

步法也会因此趋向于保持紧密的匹配，但是，一步法并非总是以一个值得信赖的方式收敛，而与此相反，两步法却常常是容易处理的、值得信赖的。①

然而，与传统的基于梯度的一步方法相比，我们上面所概述的 EM 和贝叶斯一步方法，在某些方面可谓是更加精致和更加具有数值的稳定性。毕竟，贝叶斯马尔可夫链蒙特卡罗方法，现在经常被成功地运用在带有成百上千个参数的建模环境之中，并且没有任何明显的理由表明，DNS 为什么应该成为一个例外。因此，考察这两个问题将是有趣的，也就是随着经验的不断积累，相关文献是如何发展的？最终哪一个估计方法将成为首选？

## 2.5 多国建模

DNS 自身所具有的状态空间结构，使得它很容易就可运用到这样一种结构之中，也就是包含着分层的和递阶的结构。由此对于多组收益率曲线的建模将是大有裨益的，我们在对多个国家的收益率进行分析时，自然就会出现多组收益率曲线，而在这种分析之中，正如 Diebold 等人（2008）的研究所表明的那样，② 国家的收益率可能依靠国家因子，而国家因子又可能依靠全球因子。

### 2.5.1 全球收益率

在此，可以想象一下，存在着这样一组“全球收益率”，该组中的每一个收益率都不仅取决于潜在的全球共同水平、斜率以及曲率因子，而且还取决于一个全球的特异性因子

$$Y_t(\tau)=L_t+S_t\left(\frac{1-e^{-\lambda\tau}}{\lambda\tau}\right)+C_t\left(\frac{1-e^{-\lambda\tau}}{\lambda\tau}-e^{-\lambda\tau}\right)+E_t(\tau) \tag{2.7}$$

在上式当中，$Y_t(\tau)$ 表示全球收益率，$L_t$、$S_t$和 $C_t$是全球的共同因子，$E_t(\tau)$ 是一个全球的特异性因子。

我们赋予全球共同因子简单自回归动力学

$$\begin{pmatrix} L_t \\ S_t \\ C_t \end{pmatrix}=\begin{pmatrix} \Phi_{11} & \Phi_{12} & \Phi_{13} \\ \Phi_{21} & \Phi_{22} & \Phi_{23} \\ \Phi_{31} & \Phi_{32} & \Phi_{33} \end{pmatrix}\begin{pmatrix} L_{t-1} \\ S_{t-1} \\ C_{t-1} \end{pmatrix}+\begin{pmatrix} U_t^L \\ U_t^S \\ U_t^C \end{pmatrix} \tag{2.8}$$

在上式当中，$U_t^L$、$U_t^S$和 $U_t^C$ 是全球状态的过渡冲击，或用一个更简洁的符号表示，该符号稍后我们将会使用

$$F_t=\Phi F_{t-1}+U_t \tag{2.9}$$

在上式当中，$F_t=(L_t, S_t, C_t)'$和 $U_t=(U_t^L, U_t^S, U_t^C)'$。

有些人或许想知道，“全球收益率”的确切含义到底是什么，我们从哪儿能够获得这种收益率的数据。事实已经证明，我们完全不需要这方面的收益率数据，在后面的分析当中，我们很快就会证明这一点。

### 2.5.2 国家收益率

在一个多国的分层因子结构当中，每一个国家的收益率曲线仍然保持着标准的 DNS

---

① 除此之外，在两步法估计的范式中，可能增强第二步标准误差的可靠性，人们可以运用 Pagan（1984）的方法，正式处理“生成的回归量”的问题。据我们所知，迄今为止，DNS 文献还没有对以下方面作出有特色的分析，既没有比较一步法与两步法估计的差别，也没有比较两步法估计与“生成的回归量调整”的两步法估计的差别。

② 在宏观计量经济学的分析文献之中，类似的结构已经被有效地应用于有关全球商业周期的建模，包括在 Gregory 等人（1997）、Kose 等人（2008）以及 Aruoba 等人（2011）的论文之中。

模型所具有的特征

$$y_{it}(\tau)=l_{it}+s_{it}\left(\frac{1-e^{-\lambda\tau}}{\lambda\tau}\right)+c_{it}\left(\frac{1-e^{-\lambda\tau}}{\lambda\tau}-e^{-\lambda\tau}\right)+\varepsilon_{it}(\tau) \tag{2.10}$$

在这里，$l_{it}$、$s_{it}$和$c_{it}$是潜在的水平、斜率和曲率的国家共同因子，$\varepsilon_{it}$则是一个国家的特异性因子。[①]

然而，现在国家的共同因子$l_{it}$、$s_{it}$和$c_{it}$加载在了全球共同因子$L_t$、$S_t$和$C_t$之上，它们分别为

$$l_{it}=\alpha_i^{\ l}+\beta_i^{\ l}L_t+\eta_{it}^l \tag{2.11}$$

$$s_{it}=\alpha_i^{\ s}+\beta_i^{\ s}S_t+\eta_{it}^s \tag{2.12}$$

$$c_{it}=\alpha_i^{\ c}+\beta_i^{\ c}C_t+\eta_{it}^{\ c} \tag{2.13}$$

在上式当中，$\alpha_i^{\ l}$、$\alpha_i^{\ s}$和$\alpha_i^{\ c}$为常数项，$\beta_i^{\ l}$、$\beta_i^{\ s}$和$\beta_i^{\ c}$是全球共同因子上的载荷，$\eta_{it}^{\ l}$、$\eta_{it}^{\ s}$和$\eta_{it}^{\ c}$则是零均值的随机扰动。

### 2.5.3 状态空间表达式

如果堆叠不同的期限和国家，那么过渡方程则仍然为（2.9），我们之所以重复运用这个方程只是为了分析的方便

$$F_t=\Phi F_{t-1}+U_t$$

测量方程（用一个明显的符号表示）为

$$y_t=\Lambda(A+BF_t+\eta_t)+\varepsilon_t$$

$$=(\Lambda A)+(\Lambda B)F_t+(\Lambda\eta_t+\varepsilon_t)$$

在这个方程当中，$y_t$包含收益率（适用于所有不同的国家和期限），$\Lambda$包含DNS因子载荷（适用于所有不同的期限），$A$包含了方程中的截距，这些方程将国家因子与全球因子（适用于所有的国家和国家因子）联系了起来，$B$包含了方程的斜率，这些方程将国家因子与全球因子（适用于所有的国家和国家因子）联系了起来，$\eta_t$包含了方程的随机冲击，这些方程将国家因子与全球因子（适用于所有的国家和国家因子）联系了起来，$\varepsilon_t$包含了收益率曲线的随机冲击（适用于所有的国家和期限）。

### 2.5.4 讨论

需要特别指出的是，我们没有必要对全球收益率或者全球收益率因子进行观测。在状态空间表达式当中，全球收益率$y_t(\tau)$根本就不会出现，与此相反，状态空间表达式当中的测量方程将观测到的国家收益率与潜在的全球收益率因子$L_t$、$S_t$和$C_t$联系了起来，而全球收益率因子会出现在状态向量之中。如果一旦模型得以估计，那么运用卡尔曼平滑（Kalman smoother），我们就可以提取全球收益率因子$L_t$、$S_t$和$C_t$。

对于各种各样冲击（和冲击是否确实会出现，以及在什么地方出现等）的序列相关和互相关的结构来说，相应地做出各种各样的假设都是可能的。到目前为止，我们一直在刻意地作抽象的理论分析，其目的是避免将自己陷入到任何特定的、具体的个案之中。为了实现这个目的，一个最简单的方法，就是假设所有的冲击都是白噪声的，正交到所有的其他领先和滞后的冲击。但是，人们可能非常容易地设想希望具有更多的灵活性，比如说，通过序列相关$\eta$的冲击，这些冲击将考虑到国家的共同因子动力学，除了从全球性共同因子传承下来的那些以外。

---

① 这里请注意，我们的分析不仅在时间上而且在空间上都有固定的$\lambda$，而放松这个假设或许是令人感兴趣的。

也许还存在着许多其他的识别方法。各种识别约束的问题都是与各种随机假设的问题相关联的。在大多情况下，人们只要运用正常选择因子载荷和/或方差的传统方法，对于分析来说就已经足够了，但是，具体细节则必须依赖于所运用的特定模型。

除了考虑到统计的灵活性方面和参数识别方面存在的技术问题之外，就基本模型（2.7）~（2.13）来说，令人非常感兴趣的是，对于这种模型进行一些经济方面的扩展也是完全可能的。比如说，人们可以允许在分层的因子结构当中含有更多的层次。又比如说，国家因子可能依赖于区域性因子（例如，欧洲、亚洲等），然后，这些区域性因子可能又依赖于全球性因子。

## 2.6 风险管理

关于标准债券投资组合的风险度量以及风险的持续期间等问题，它们可以表现为度量债券投资组合价值对利率变动的敏感程度。然而，在多因子的环境当中，由于著名的麦考利存续期（Macaulay duration）（例如，Campbell 等人（1997））只解释了收益率曲线的水平位移，因此，对于债券投资组合的风险度量来说，麦考利存续期并不是一个合适的度量。这也就是说，麦考利存续期的有效性只是根植于单因子模型分析土壤之上的。

因此，其他一些学者，比如说，Chambers 等人（1988）和 Willner（1996）以及 Diebold 等人（2006a），在分析中提出了广义的存续期（generalized duration）度量，也就是所谓的存续期向量（duration vectors）。[1] 存续期向量当中的每一个元素，它们都反映了债券价格对一个特定因子的敏感程度。由此，三因子 DNS 模型就立即使人想起了这一点，广义的存续期的要素不仅与水平相符，而且也与斜率和曲率相符。

在通常的情况下，我们可以将一种债券的存续期度量定义如下：将债券的现金流表示为 $C_1, \dots, C_2, C_I$，将相关时间至到期日表示为 $\tau_1, \dots, \tau_2, \tau_I$。同时我们还可以假设，在任意一组因子中，零息债券收益率曲线是线性的，为了能够与我们的 DNS 分析视角保持一致，我们假设三个因子分别为 $f_1$、$f_2$ 和 $f_3$，当然我们也可以增加更多的因子。如此，我们的模型就可以写为

$$y_t(\tau) = B_1(\tau) f_{1t} + B_2(\tau) f_{2t} + B_3(\tau) f_{3t} \tag{2.14}$$
$$dy_t(\tau) = B_1(\tau) df_{1t} + B_2(\tau) df_{2t} + B_3(\tau) df_{3t}$$

然后，我们假设计算的是连续复利，因此，债券的价格可以写为

$$P = \sum_{i=1}^{I} C_i e^{-\tau_i y_t(\tau_i)}$$

在上式当中，我们运用了相应的零息票收益率 $y_t(\tau_i)$ 的贴现现金流 $C_i$。对于一个任意的收益率曲线变动，相应的价格变化为

$$dP = \sum_{i=1}^{I} \left(\frac{\partial P}{\partial y_t(\tau_i)}\right) dy_t(\tau_i)$$
$$= \sum_{i=1}^{I} \left(C_i e^{-\tau_i y_t(\tau_i)} (-\tau_i)\right) dy_t(\tau_i)$$

在上式当中，我们已经将 $y_t(\tau_i)$ 作为独立变量处理了。

---

① 详情也请参见 Garbade（1999）的分析。

因此

$$-\frac{dP}{P}=\sum_{i=1}^{I}\left(\frac{1}{P}C_i e^{-\tau_i y_t(\tau_i)}\tau_i\right)dy_t(\tau_i)$$
$$=\sum_{i=1}^{I}\left(\frac{1}{P}C_i e^{-\tau_i y_t(\tau_i)}\tau_i\right)\sum_{j=1}^{3}B_j(\tau_i)\,df_{jt}$$

在此，我们运用（2.14）得到了第二个等式。我们可以换一种说法，债券价格的百分比变化表示为一个因子中的变化函数

$$-\frac{dP}{P}=\sum_{j=1}^{3}\left\{\sum_{i=1}^{I}\left[\frac{1}{P}C_i e^{-\tau_i y_t(\tau_i)}\tau_i\right]B_j(\tau_i)\right\}df_{jt}=\sum_{j=1}^{3}\left\{\sum_{i=1}^{I}w_i\tau_i B_j(\tau_i)\right\}df_{jt} \tag{2.15}$$

在上式当中，$w_i$是与$C_i$相联系的权重。

在（2.15）当中，我们将债券价格的变化分解为来自不同风险因子的变化。因此，我们可以将与每一个风险因子相联系的存续期要素定义为

$$D_j=\sum_{i=1}^{I}w_i\tau_i B_j(\tau_i)\qquad j=1,2,3$$

特别重要的是，建立在三因子DNS模型基础之上的任何一个有息票债券的存续期向量，都可以表示为

$$D_1=\sum_{i=1}^{I}w_i\tau_i$$
$$D_2=\sum_{i=1}^{I}w_i\frac{1-e^{-\lambda\tau_i}}{\lambda}$$
$$D_3=\sum_{i=1}^{I}w_i\left(\frac{1-e^{-\lambda\tau_i}}{\lambda}-\tau_i e^{-\lambda\tau_i}\right)$$

需要特别注意的是，这里的存续期向量当中的第一个元素，它恰恰就是传统的麦考利存续期，而第二个元素和第三个元素则抓住了非水平（非水平指的就是斜率和曲率）改变的响应。①

检验DNS存续期向量的元素随$\tau$而增加，随票面利率而减少，随收益率期限而减少，这是非常容易的。除此之外，它们还有着“组合的性质”：一个债券投资组合的$D_j$是这个组合中各种债券的$D_j$的一个加权平均，这里分配给组合中的各种债券的权重是它们在投资组合价值当中的份额。

## 2.7 DNS的拟合和预测

到目前为止，可以毫不夸张地说，有关DNS的应用已经有数以百计的论文了，这些应用涉及模型的拟合和运用。在Diebold和Li（2006）最初的论文当中，发现了令人满意的拟合和预测，他们的研究采用的是某一个美国政府债券收益率的样本。但是，在研究涉及这样一些情况时，也就是不同的样本期间、不同组别的收益率，以及不同的国家等情况时，随之所得的经验结论也就肯定要发生变化。比如说，Mönch（2008）的研究就发现，

① 建立在DNS模型基础之上的向量存续期，拥有$\tau$中渐近 的令人满意的性质。与密切相关的、建立在多项式基础之上的向量存续期相比，它具有$\tau$中多项式渐近的不良性质。后者是由Chambers等人（1988）提出的，$D'_1=\sum_{i=1}^{I}w_i\tau_i$、$D_2'=\sum_{i=1}^{I}(w_i\tau_i^2)^{1/2}$和$D'_3=\sum_{i=1}^{I}(w_i\tau_i^3)^{1/3}$。

在采用这样一组数据的情况下，也就是在随后的某一组美国政府债券收益率数据，Diebold 和 Li（2006）所认为的 DNS 模型具有的明显优势并没有得到证实。与 Mönch 的分析正好相反，Alper 等人（2007）对另一个国家（土耳其）的分析又发现了 DNS 具有良好的预测性能。尽管如此，以上分析所说的 DNS 优点，也就是 DNS 往往可以获得令人满意的拟合和预测，以及 DNS 具有的简洁性，这些都要归结于它受到学者的欢迎程度。在这里，我们将对此进行详细阐述。

首先，我们考虑 DNS 的拟合方面。

在采用几十年的横截面数据分析的情况下，NS 和相关的水平、斜率和曲率三因子模型，它们已经被证明能够非常好地拟合，这可以表现在，在 Nelson 和 Siegel（1987）最初开始的工作之中，经过 Gürkaynak 等人（2007）持续不断的拟合，直到每天写入美国联邦储备委员会的网站。①

实际上，由于 NS 是一种相当灵活的函数形式，所以它能够产生非常好的横断面拟合也就不会令人感到太意外。NS 曲线是平滑的，而实际收益率曲线往往也是平滑的。如果数据方面的限制没有违背的话，那么它们最多也就只有一个内部最优。这些曲线的变化可以是水平的、递增的增加或递减的增加、递增的减少或递减的减少，或恒定的速率。当然，它们没有非常精确地拟合观测到的收益率，但是从预测的角度来说，这种不精确的拟合又是正常的，也在人们可以接受的范围之内，因为它们严格的参数结构防止了样本内的过度拟合。

现在，让我们来考虑 DNS 拟合。作为收益率曲线动力学的一个非常好的拟合动态模型，它不仅必须与历史事实相符，这种历史事实包括收益率曲线的典型形状和在不同时期所假定的形状变化，而且它还必须与这些曲线形状的动态演化相符。

就一个简洁的模型来说，要想让它符合所有观察到的曲线形状和动态模式，自然不是一件容易的事。但是，我们可以考虑一些最重要的格式化事实，看看 DNS 是否能够反映它们，以及如何才能反映它们：

（1）平均收益率曲线是增加的和凹的。

在我们的分析架构中，平均收益率曲线是与 $l_t$、$s_t$ 和 $c_t$ 的平均值相一致的收益率曲线。平均收益率曲线可能是增加的和凹的，从原则上说，这无疑是可能的，它取决于 $l_t$、$s_t$ 和 $c_t$ 的平均值。

（2）收益率曲线可以有各种各样的形状，包括向上倾斜的、向下倾斜的（“倒置的”）、驼峰的、倒置驼峰的。

在我们的分析架构中，所有的这些形状都有可能成为我们假设所候选的收益率曲线。然而，是否做出这些假设，以及如何做出假设，往往取决于 $l_t$、$s_t$ 和 $c_t$ 的值，也取决于这些值的变化。

（3）收益率动力学常常是具有高度持久性的，而利差动力学则往往是具有少得多的持久性的。

在我们的分析架构当中，持久收益率动力学与 $l_t$ 的非常强的持久性对应，因为所有收益率对 $l_t$ 的载荷是同等的，这无疑是可能的。除此之外，如果收益率持久性主要是由

① Gürkaynak 等人（2007）实际运用了非常接近四因子变量的 NS，这种模型我们将在下一章中加以介绍。

共同依赖的 $l_t$ 所驱动的话，那么通过移动到利差，$l_t$ 的影响应该就可以消除，然后，利差将具有较少的持久性。

除此之外，较少的持久利差动力学也可能反映在 $s_t$ 的较少持久性，因为收益率曲线的斜率与长短利差（long-short spread）存在着非常密切的联系。在 DNS 的分析框架中，这种特性肯定是可能存在的。

这里的关键一点是要认识到，DNS 提取一个收益率曲线的时间序列，并将其转换成为一个收益率因子的三变量时间序列，结果使得不同种类的因子动力学产生出不同种类的收益率曲线动力学。

其次，我们再来考虑 DNS 的预测方面。

在 DNS 的分析框架当中，预测收益率曲线只是相当于预测一个三变量时间序列的因子。对于模型因子的选择来说，一个显而易见的、简单容易的选择是一阶向量自回归。然而，自 Diebold 和 Li（2006）最初的论文发表开始，许多人已经注意到，一个受约束的向量自回归模型优于一个不受约束的模型，前者具有对角系数矩阵和创新的协方差矩阵。这种“正交状态变量”是受到共同经验发现的激励，经验发现 DNS 水平、斜率、曲率因子是非常接近前三个收益率主成分的（尽管它们肯定是不会相同的），该主成分的结构是正交的。最近，一些学者甚至用强制正交性的理论模型进行研究，就像在 Lengwiler 和 Lenz（2010）的研究中一样。

图 2-2 提供了一个关于 DNS 预测性能的总结，这是一个非常好的程式化总结，它是以一个典型的 DNS 模型分析为例子。对于 1 个月、6 个月和 12 个月的预测期间和各种期限，我们显示了样本外的 DNS 均方根的预测误差，这些预测误差是相对于一个“没有变化（no-change）”（随机游走（random walk））的预测误差而言的。通过比较图 2-2 中所反映出的情况，我们从中可以得出一些非常重要的结论。

第一，1 个月的 DNS 预测结果证明，它不比“没有变化”的预测要好。这一点丝毫也不令人感到奇怪，因为一个月是一个相当短的期间，在如此短的期间内，由 DNS 引起的收益率因子均值回归，可能还没有足够的时间来进行。为了明白这一点，我们可以举一个例子加以说明，可以考虑一分钟超前（one-minute-ahead）收益率曲线的预测。在这种期间预测的情况下，“没有变化”的预测很可能是战无不胜的！

第二，如果我们将预测的期间稍加延长，比如说，延长到 6 个月和 12 个月，那么我们就会发现，DNS 预测的相对性能可以得到十分显著的改善。这里的直觉是相同的：在最短的期间内，虽然“没有变化”是最佳预测的一个很好近似，但是，在较长的期间中，它也是一个最糟糕的预测，原因在于“没有变化”不能引起收益率因子中的均值回归。因此，虽说在一个最短的期间内，DNS 的预测无法击败“没有变化”，但是，在一个较长的期间内，DNS 可以彻底地战胜“没有变化”。从经验上看，相对来说，在 6 至 12 个月的期间内，[①] DNS 预测性能是最优的，而且这是一种经常会出现的情况。这点可能是特别有用的，因为 6 至 12 个月的期间内，它与许多资产配置策略中所涉及的持有期保持了一致，而这些持有期都是非常典型的。

① 在极长的期间中，相关的 DNS 性能再次恶化，因此这两种预测效果都不佳——“没有变化”预测的永远都是当前的收益率曲线，而 DNS 只能有效预测无条件的均值收益率曲线。

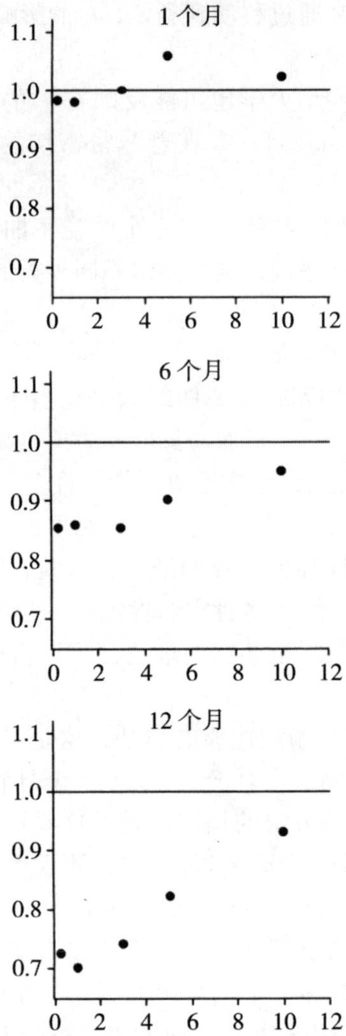


**图 2-2　样本外的预测性能：DNS 与随机游走**

注：对于 1 个月、6 个月和 12 个月的预测期间和各种期限，我们在图中显示了样本外 DNS 均方根的预测误差，这些预测误差是相对于一个“没有变化”的预测误差而言的。

第三，由 DNS 模型提供的预测精度方面的收益，往往出现在短期限和中等期限中。关于这方面的详细情况，在随后的章节当中，当我们在分析之中引入了另外的收益率因子时，我们将会有更多的说明。

第四，对于 DNS 预测的成功，我们想说明一下其中一些可能的原因：DNS 施加了各种约束，这些约束当然会降低样本内的拟合，但是，这种降低了的拟合或许仍然是有助于样本外预测的。我们方法的实质是有意地利用大量的先验结构，这不仅是出于容易、简约和理论的动机，而且也是出于一个非常明确的企图，就是避免数据挖掘中存在的困难，因此我们的方法也增强了小样本的样本外预测性能，这种小样本在实践中经常会遇到。这包括我们运用了一个紧凑的参数模型，这种模型在因子载荷上设置了严格的结构，这点与有关贴现函数的简单理论必要条件要求相一致，这点也与我们的因子的简单单变量建模意图相一致，这些因子是建立在我们理论推导模型解释基础之上的，作为近似正交的水平、斜率和曲率这些因子中的一个，这点也与我们的重点在于最简单的、可能的正交 AR（1）因子动力学相一致。

# 第3章

# AFNS

由于债券交易是在这样的市场中进行的，这种市场不仅体系非常完善，而且这种市场的运行机制也十分灵活，如此这般，在理论上所作出的一些约束——排除了在不同期限之间所存在的无风险套利机会，排除了随着时间推移所存在的无风险套利机会——也就对学者们的分析保持了强大的吸引力，并且在金融文献当中这些约束也成为了无套利模型分析的基础，而且这方面的分析文献数量还非常庞大，无套利模型是由 Vasicek（1977）和 Cox 等人（1985）首先提出来的。这些模型详细说明了基本收益率曲线因子的风险中性演化，也详细说明了风险溢价的动力学。跟随着 Duffie 和 Kan（1996）的研究足迹，这些模型的仿射版本受到了学者们的特别欢迎，因为收益率是适于基本潜在因子的仿射函数的，这些因子带有因子载荷，而因子载荷又是可以从一个简单的微分方程组当中计算出来的。[①]

然而，非常不幸的是，标准的仿射无套利模型往往表现出较差的经验时间序列性能，尤其是在预测未来收益率的时候更是如此，这一点由 Duffee（2002）非常尖锐地指了出来。除此之外，更为重要的是，运用这些模型所进行的估计也是令人怀疑的，这在很大程度上是因为存在着无数的似然极大值，它们具有大致相同的数据拟合，但是，它们对于经济行为来说却又有着具有极为不同的含义。这些经验问题似乎反映出一个普遍适用模型所存在的过度参数化。作为一个解决方案，许多研究人员（比如说，Duffee（2002）以及 Dai 和 Singleton（2002））在第一轮的估计中，简单地限制那些具有小 $t$ 统计的参数为 0。Joslin 等人（2010）就令人信服地指出：

> 面对数量如此巨大的自由参数，标准的做法是先估计一个具有最大灵活性的动态利率期限结构模型（dynamic term structure model），设置许多参数为 0……这在传统的显著性水平上是没有统计显著性的，然后再来分析受到约束的模型。

由此导致更简洁的结构往往也更加容易估计一些，并且具有更少麻烦的可能性也极大。然而，对于模型结构施加额外的约束，并非为理论上或统计上的一个非常好的考虑，它们独断专行的应用和估计方面的计算负担，实际上妨碍了稳健的模型验证，以及通过估计有限样本性质的模拟研究。

---

① 对于仿射无套利期限结构模型，Piazzesi（2010）提供了一个富有洞察力的审视。

在这一章当中，我们将讨论一种新的仿射无套利模型，这种模型能够克服标准的仿射无套利模型所存在的经验实施问题。这种新模型是建立在 DNS 模型基础之上的，并保留了 DNS 模型具有的经验易处理性的优点。因此，从一个角度来看，实际上，我们是将理论上严密但经验上存在问题的仿射无套利模型，同 DNS 的要素结合起来，从而使得仿射无套利模型在经验上变得容易处理。

从另一个角度来看，我们也是通过运用 DNS 模型，使得这种模型能够在理论上变得更加令人满意。对于这点我们需要详尽地阐述一下。正如我们前面已经强调过的一样，DNS 模型的估计是简单的、稳健的，并且也是非常灵活的，它不仅对横截面收益率的拟合非常好，而且对时间序列收益率的拟合同样也非常好。从理论上讲，DNS 模型施加了一些经济上可取的性质，比如说，要求贴现函数随着到期日而趋近于 0，正如我们前面所表明的一样，这一点使得它与一个现代的，时变的，包含水平、斜率和曲率的三因子模型也是相符的。然而，尽管它有着良好的经验性能和一定程度上的理论吸引力，但是，在一个重要的理论维度方面，DNS 模型也是不尽如人意的：它没有施加一些约束。而这些约束对于消除无风险套利的机会又是十分必要的，这点就如同 Mönch 和 Christensen（1999），以及 Filipović（1999，2000）所指出的那样。①

由于 DNS 模型当中缺乏对于无套利的约束，因而激励着一些学者（Diebold 等人（2005）和 Christensen 等人（2011a））提出了 AFNS 类型的收益率曲线模型，这种类型的模型属于仿射无套利期限结构模型，而这种期限结构模型仍然保持着 DNS 的因子载荷结构。

在 Diebold 等人（2005）的分析当中，曾经考虑运用一个二因子（也就是水平和斜率两个因子）的 DNS 版本，以便能够强调这样一点，也就是用来表示横截面收益率的因子载荷为什么需要与状态变量的时间序列性质保持一致。然而，对于这样一点来说，也就是时不变的“收益率调整期限（yield adjustment term）”要求二因子 DNS 模型完全无套利，他们又没有给出任何相应的解释。Christensen 等人（2011a）的分析则充分考虑了一个完整的三因子模型，也明确地描述了收益率调整期限的特性，并且说明了怎样能够将 DNS 模型调整到无套利模型的 Duffie-Kan 类型之中。正如我们将要证明的那样，两者的逼近几乎是精确的。这也就是说，被调整到无套利模型的 Duffie-Kan 类型之中的 DNS 模型几乎就是无套利的，达到了仿佛就像无套利模型分析一样的程度。为了做到完全的无套利，DNS 模型只需要增加一个时不变的收益率调整期限，这个收益率调整期限可以用来解释 Jensen 不等式的影响。

## 3.1 一个二因子的准备

在 Diebold 等人（2005）所研究的二因子 NS 模型当中，指定的 $\tau$ 期国债收益率为

$$y_t^{(\tau)} = a_\tau^{NS} + b_\tau^{NS} x_t \tag{3.1}$$

在上式当中，$x_t$ 是潜在因子（或状态变量）的一个二维向量，收益率系数只依赖于到期日的时间 $\tau$

① 最近，对于 Filipović-Bjork-Christensen 洞察力的扩展工作，包括了 Diebold 等人（2005），详情也请参见 Filipović（2009）对此的参考文献和讨论。

$$a_\tau^{NS} = 0 \tag{3.2}$$

$$b_\tau^{NS} = \left(1, \frac{1-\exp(-k\tau)}{\kappa\tau}\right)' \tag{3.3}$$

在 $b_\tau^{NS}$ 上的两个系数将收益率载荷置于了两个因子之上。第一个载荷是整体，如此，第一个因子控制着水平的移动，它一一对应地影响到各种期限的收益率。对于第二个载荷，由于 $\tau \to 0$ 而变为1，$\tau \to \infty$ 而变为0(假设 $k > 0$)，所以，第二个因子主要是影响短期债券和斜率。与此同时，由于期限 $\tau$ 变为0，因此，在(3.1) 式中的收益率也就接近于瞬时短期利率，我们用 $r_t$ 来表示这个利率，既然 $b_\tau^{NS}$ 的第二部分变为1，短期利率也就仅仅为两个因子之和，

$$r_t = x_t^1 + x_t^2 \tag{3.4}$$

并且短期利率同样是潜在的。最后，就像在 Diebold 和 Li(2006) 二人的分析中所做的一样，我们运用因子动力学来扩展横截面方程(3.1)，这里，特别值得注意的是，$x_t$ 的两个部分是独立于 AR(1) 的：

$$x_t^i = \mu_i + \rho_i x_{t-1}^i + v_i \varepsilon_t^i \tag{3.5}$$

在上式当中，高斯误差为 $\varepsilon_t^i$，$i = 1, 2$ 。因此，一个完整的 NS 动态表达式，也就由(3.1) ~ (3.5) 式构成，在这个表达式中总共有7个自由参数，它们分别为：$k$、$\mu_1$、$\rho_1$、$v_1$、$\mu_2$、$\rho_2$ 和 $v_2$。

现在，我们开始分析所谓的二因子仿射无套利期限结构模型。这种模型是从对线性短期利率方程(3.4) 的分析开始的；然而，在一个无套利机会假设的前提下，载荷是来自于短期利率方程(3.4) 和因子动力学(3.5)，而不是为因子载荷去假设一个特定的函数形式，就像上面的分析一样。特别值得注意的是，如果存在风险中性的投资者，那么，对于这些投资者来说，在下面两个选择之间所做出的任意一个选择，其结果都是无关紧要的。一个选择是购买长期债券，在 $\tau$ 期之后获得1美元的收益；另一个选择是在 $\tau$ 期之内进行一项滚动现金的短期利率投资，并得到1美元的预期收益。由此就会使得风险中性的投资者从事套利活动，这种活动一直会持续到 $\tau$ 期债券价格等于预期收益的滚动量，如此一个 $\tau$ 期债券的收益率也就会等于在 $\tau$ 期(再加上一个 Jensen 不等式期限) 的预期平均未来短期利率。由于风险厌恶的投资者持有了具有风险的头寸，因此他们也就需要一个额外的补偿，而同样的道理也适用于对风险溢价的修正之后。因此，在一个无套利机会假设的前提下，为了保持 NS 模型的内在一致性，运用(3.4) 与因子动力学(3.5) 所计算出来的预期未来短期利率的收益率，就必须与方程(3.1) ~ (3.3) 中的横截面要求保持一致。

为了确保满足这种无套利的内在一致性要求，我们可以变换到连续时间和固定的采样频率，以便区间能够覆盖[$t-1$, $t$]，比如说一个月的时间。与(3.5) 的连续时间 AR(1) 的过程相一致的是

$$dx_t^i = \kappa_i(\theta_i - x_t^i)dt + \sigma_i dB_t^i \tag{3.6}$$

这里的 $\kappa_i$、$\theta_i$ 和 $\sigma_i$ 是常数，$B^i$ 是一个 Brownian 运动(由此意味着 $dB^i$ 也是正态分布，均值为0，方差为 $dt$)。(在连续时间的情境下，NS 模型中总共有 7 个参数，它们分别是：$k$、$\kappa_1$、$\theta_1$、$\sigma_1$、$\kappa_2$、$\theta_2$ 和 $\sigma_2$)。

我们首先考虑关于风险中性投资者的模型，这个模型是由线性的短期利率方程(3.4) 和因子动力学(3.6) 组成，该模型中总共有 6 个参数，它们分别是：$\kappa_1$、$\theta_1$、$\sigma_1$、$\kappa_2$、$\theta_2$

和 $\sigma_2$。如果投资者从事套利活动的话，那么这种活动就会一直持续到 $\tau$ 债券的时间 $t$ 的价格 $P_t^{(\tau)}$，$P_t^{(\tau)}$ 可从下式中得到

$$P_t^{(\tau)} = E_t\left(\exp\left(-\int_t^{t+\tau} r_s ds\right)\right) \tag{3.7}$$

我们能够非常容易地计算出该式中的期望值，既然短期利率是两个高斯 AR(1) 的数量之和，因此它们也是正态分布(在本书的附录 A 当中，我们详细地介绍了这些计算)。结果 $\tau$ 期的收益率为

$$y_t^{(\tau)} = -\frac{\log p_t^{(\tau)}}{\tau} = a_\tau^{NA} + b_\tau^{NA} x_t \tag{3.8}$$

上式中的无套利因子载荷可由下式给出

$$b_\tau^{NA} = \left(\frac{1-\exp(-\kappa_1\tau)}{\kappa_1\tau}, \frac{1-\exp(-\kappa_2\tau)}{\kappa_2\tau}\right)', \tag{3.9}$$

方程(3.4)、(3.6)、(3.8) 以及(3.9) 共同构成了一个具有两个高斯因子的正则仿射期限结构设定。直观地说，在一个风险中性的世界里，收益率只是建立在预期未来短期利率基础之上的，横截面的因子载荷系数 $b_\tau^{NA}$ 被限制在时间序列参数 $\kappa_1$ 和 $\kappa_2$ 的函数之中。常数 $a_\tau^{NA}$ 吸收了任何Jensen不等式期限。在一般情况下，NS表达式当中没有施加这种动态一致性的约束，因为载荷 $b_\tau^{NS}$ 与 AR(1) 的时间序列参数不相关。然而，在以下两种情况当中，无套利约束就可以应用到NS模型之中。首先，是在这样一种情况当中，让 $\kappa_1$ 为零，并设 $\kappa_2 = k$，因为就这些参数值来说，$b_\tau^{NA} = b_\tau^{NS}$。其次，必须是在这种情况当中，嵌入 Jensen 不等式期限之中的常数 $a_\tau^{NA}$，其合理的参数值应当是接近于 0，这也就是说，$a_\tau^{NA} \approx a_\tau^{NS} = 0$。然而，作为一种习惯，宏观经济学家往往忽视了 Jensen 不等式期限的存在；由于 $\kappa_1$ 变为0，短期利率变动的过程也就具有了近似随机游走的成分，Jensen 不等式期限可能会非常大，特别是对于很长期限的 $\tau$ 来说更是如此。①

现在，让我们来考虑更为一般的情况，也就是风险厌恶投资者的无套利。为了适应偏离风险中性的分析，我们可以运用调整预期，将风险溢价用参数来表示。例如，假设定价的核心解为

$$\frac{dm_t}{m_t} = -r_t\,dt - \lambda_t^1\,dB_t^1 - \lambda_t^2\,dB_t^2$$

这里

$$\lambda_t^i = \lambda_0^i + \lambda_1^i x_t^i$$

$\lambda_0^i$ 和 $\lambda_1^i$ 都是常数。变量 $\lambda_t^i$ 是每一次 Brownian 运动的风险价格，并且是因子的仿射函数，如此会随着时间的推移而变化。无套利的因子载荷是②

$$b_\tau^{NA} = \left(\frac{1-\exp(-\kappa_1^*\tau)}{\kappa_1^*\tau}, \frac{1-\exp(-\kappa_2^*\tau)}{\kappa_2^*\tau}\right)', \tag{3.10}$$

这里

$$\kappa_i^* = \kappa_i + \sigma_i\lambda_1^i$$

---

① 事实上，在3.3.2当中，我们的分析所提供的结论表明，在零均值回归的限制下，$a_\tau^{NA} = \sigma_1^2 \times \tau^2 \div 6$。作为长期调整幅度非常巨大的一个例子，我们可以考虑一个年度波动在0.75个百分点和一个期限长达30年时间的情况。然后，我们有 $\sigma_1^2 \times \tau^2 \div 6 = 0.0075^2 \times 30^2 \div 6 = 0.0084375$，也就是0.844个百分点，或者说84.4个基点。

② 同样，详情请参见附录 A。

这种二因子的高斯模型总共有 10 个参数，分别为：$\lambda_0^1$、$\lambda_1^1$、$\lambda_0^2$、$\lambda_1^2$、$\kappa_1$、$\theta_1$、$\sigma_1$、$\kappa_2$、$\theta_2$ 和 $\sigma_2$。现在，我们可以选择斜率参数为 $\lambda_1^i$，以便载荷 $b_\tau^{NA}$ 能够等于 NS 模型中的载荷 $b_\tau^{NS}$。为了满足这个条件，我们可以设置 $\kappa_1^* = 0$ 和 $\kappa_2^* = k$，这样我们就可以得到 $\lambda_1^i$ 的值，这些意味着

$$\lambda_1^1 = -\frac{\kappa_1}{\sigma_1},\ \lambda_1^2 = \frac{k - \kappa_2}{\sigma_2}$$

市场价格风险中的常数项是不受约束的，所以我们可以设置 $\lambda_0^1 = \lambda_0^2 = 0$ 。同样，Jensen 不等式期限应当是接近于 0，所以 $a_\tau^{NA} \approx a_\tau^{NS} = 0$。

## 3.2 Duffie-Kan 结构

在 Duffie 和 Kan(1996) 的标准连续时间仿射无套利的环境中进行分析，我们可以让 DNS 模型成为无套利。①更确切地说，我们发现具有载荷的 Duffie-Kan 模型是最接近于 DNS 模型的。事实证明也的确如此，在一个具有载荷的 Duffie-Kan 类型当中，有一种恰好等同于 DNS 类型中的种类。

我们用过滤的概率空间($\Omega$，$F$，$(F_t)$，$Q$) 继续我们在 Duffie 和 Kan(1996) 仿射扩散环境之中的分析，这里，过滤 $(F_t) = \{F_t:\ t \geqslant 0\}$ 满足一般条件。②状态变量 $X_t$，一个定义为一组 $M \subset R^n$ 的马尔可夫过程，解为随机微分方程(stochastic differential equation，简称为 SDE )。③

$$dX_t = K^Q(t)(\theta^Q(t) - X_t)dt + \sum(t)\ D\ (X_t,\ t)dW_t^Q \qquad (3.11)$$

在上面这个方程中，$W^Q$ 是在 $R^n$ 中的一个标准 Brownian 运动，有关它的信息包含在了过滤 $(F_t)$ 之中。漂移和动力学 $\theta^Q$：$[0,\ T] \to R^n$ 和 $K^Q$：$[0,\ T] \to R^{n\times n}$ 是有界的、连续的函数。④与此相似，波动率矩阵 $\sum$：$[0,\ T] \to R^{n\times n}$ 也是有界的、连续的函数。而矩阵 $D$：$M \times [0,\ T] \to R^{n\times n}$ 则是对角线的，

$$D\ (x_t,\ t) = \begin{pmatrix} \sqrt{\gamma^1(t) + \delta^1(t)X_1} & \cdots & 0 \\ \vdots & \ddots & \vdots \\ 0 & \cdots & \sqrt{\gamma^n(t) + \delta^n(t)\ X_1} \end{pmatrix}$$

在上式当中，$\delta^i(t)$ 表示矩阵的第 $i$ 行

$$\delta(t) = \begin{pmatrix} \delta_1^1(t) & \cdots & \delta_n^1(t) \\ \vdots & \ddots & \vdots \\ \delta_1^n(t) & \cdots & \delta_n^n(t) \end{pmatrix}$$

并且 $\gamma$：$[0,\ T] \to R^n$ 和 $\delta$：$[0,\ T] \to R^{n\times n}$ 是有界的、连续的函数。最后，瞬时无风险利率是一个状态变量的仿射函数，

$$r_t = \rho_0(t) + \rho_1(t)'\ X_t$$

---

① Krippner(2006) 曾经推导出一个 AFNS 模型的特例，这是一个具有常数风险溢价的模型。详情也请参见 Alfaro(2011) 的分析。

② 详情请参见 Williams(1997) 的分析。

③ 注意：(3.11) 指的是风险中性、或动力学的 $Q$。

④ 如果 $K^Q(t)$ 的所有特征值的实分量都是正的，那么，状态变量的平稳性就能够得到保证，比如说，就像 Ahn 等人(2002) 的分析中所讨论的那样。但是，对于一个限定的非常明确的过程来说，平稳性是没有必要的。

在上式当中，$\rho_0$：$[0,T]\to R$ 和 $\rho_1$：$[0,T]\to R^n$ 是有界的、连续的函数。

就如Duffie和Kan(1996)所表明的一样，在上述假设下，零息票的债券价格是状态变量的指数仿射函数，

$$P(t,T)=E_t^Q\left(\exp\left(-\int_t^T \gamma_u\,du\right)\right)$$
$$=\exp\left(B(t,T)'X_t+C(t,T)\right)$$

在上面这个公式当中，$B(t,T)$ 和 $C(t,T)$ 是常微分方程(ordinary differential equations，简称 ODEs)组的解

$$\frac{dB(t,T)}{dt}=\rho_1+(K^Q)'B(t,T)-\frac{1}{2}\sum_{j=1}^{n}\left(\sum{}'B(t,T)B(t,T)'\sum\right)_{j,j}(\delta^j)'$$

$$\frac{dC(t,T)}{dt}=\rho_0-B(t,T)'K^Q\theta^Q-\frac{1}{2}\sum_{j=1}^{n}\left(\sum{}'B(t,T)B(t,T)'\sum\right)_{j,j}\gamma^j$$

$B(T,T)=0$ 和 $C(T,T)=0$。①定价函数(pricing functions)意味着零息票收益率为

$$y(t,T)=-\frac{1}{T-t}\log P(t,T)$$
$$=-\frac{B(t,T)'}{T-t}X_t-\frac{C(t,T)}{T-t}$$

因此，特别需要注意的是，收益率也是状态变量的仿射函数。

## 3.3 使DNS无套利

为了使DNS模型无套利，我们的方法是，在Duffie-Kan仿射无套利类型中找到与DNS的最佳逼近，具体做法为，在Duffie-Kan类型中寻找这样的一个种类，这个种类具有最接近DNS模型的因子载荷。当然，在多种可供选择的途径当中，这并不是唯一的一个途径(换句话说，它不是唯一概念化的“在Duffie-Kan仿射无套利类型中找到DNS的最佳逼近”的方式)，但是，它却是自然的、直观的，它体现了我们的一种渴望，也就是渴望找到这样一种模型，这种模型必须同时满足以下两个要求：(1)具有简洁性、精确性和在 $P$ 测度方面的数值易处理性；(2)没有套利机会。就(1)的要求来说，根据前面的分析可知，DNS显然是一个最适用的模型，就(2)的要求来说，则Duffie-Kan显然是一个workhorse模型。我们采用的方法，即由Christensen等人(2011a)引入和发展的，就是要寻求两全其美。

### 3.3.1 关键成果

考虑到定价函数，就具有 $X_t=(X_t^1,X_t^2,X_t^3)$ 形式的三因子仿射模型来说，与NS收益率函数最为匹配的是下列收益率函数形式

$$y(t,T)=X_t^1+\frac{1-e^{-\lambda(T-t)}}{\lambda(T-t)}X_t^2+\left(\frac{1-e^{-\lambda(T-t)}}{\lambda(T-t)}-e^{-\lambda(T-t)}\right)X_t^3-\frac{C(t,T)}{T-t}$$

和关于 $B(t,T)$ 函数的常微分方程的解为

$$B^1(t,T)=-(T-t)$$
$$B^2(t,T)=-\frac{1-e^{-\lambda(T-t)}}{\lambda}$$

① 请注意，为了方便起见，我们采用了抑制可能的参数时间依赖的符号。

$$B^3(t, T) = (T-t)e^{-\lambda(T-t)} - \frac{1-e^{-\lambda(T-t)}}{\lambda}$$

在这种情况下，因子载荷完全匹配 DNS。①如下面的命题所描述的一样，存在着满足上述常微分方程 Duffie-Kan 类型中的一种。

命题（或称命题 AFNS）。假设瞬时无风险利率为

$$\gamma_t = X_t^1 + X_t^2$$

这里，状态变量 $X_t = (X_t^1, X_t^2, X_t^3)$ 有风险中性（$Q$）动力学：

$$\begin{pmatrix} dX_t^1 \\ dX_t^2 \\ dX_t^3 \end{pmatrix} = \begin{pmatrix} 0 & 0 & 0 \\ 0 & \lambda & -\lambda \\ 0 & 0 & \lambda \end{pmatrix} \left[ \begin{pmatrix} \theta_1^Q \\ \theta_2^Q \\ \theta_3^Q \end{pmatrix} - \begin{pmatrix} X_t^1 \\ X_t^2 \\ X_t^3 \end{pmatrix} \right] dt + \begin{pmatrix} \sigma_{11} & \sigma_{12} & \sigma_{13} \\ \sigma_{21} & \sigma_{22} & \sigma_{23} \\ \sigma_{31} & \sigma_{32} & \sigma_{33} \end{pmatrix} \begin{pmatrix} dW_t^{1,Q} \\ dW_t^{2,Q} \\ dW_t^{3,Q} \end{pmatrix}, \lambda > 0 \tag{3.12}$$

然后，零息票债券价格为

$$P(t, T) = E_t^Q\left(\exp\left(-\int_t^T \gamma_u du\right)\right)$$
$$= \exp(B^1(t, T)X_t^1 + B^2(t, T)X_t^2 + B^3(t, T)X_t^3 + C(t, T))$$

这里，$B^1(t, T)$，$B^2(t, T)$，$B^3(t, T)$ 和 $C(t, T)$ 是由常微分方程决定的：

$$\begin{pmatrix} \frac{dB^1(t, T)}{dt} \\ \frac{dB^2(t, T)}{dt} \\ \frac{dB^3(t, T)}{dt} \end{pmatrix} = \begin{pmatrix} 1 \\ 1 \\ 0 \end{pmatrix} + \begin{pmatrix} 0 & 0 & 0 \\ 0 & \lambda & 0 \\ 0 & -\lambda & \lambda \end{pmatrix} \begin{pmatrix} B^1(t, T) \\ B^2(t, T) \\ B^3(t, T) \end{pmatrix}$$

$$\frac{dC(t, T)}{dt} = -B(t, T)'^{Q}\theta^Q - \frac{1}{2}\sum_{j=1}^{3}\left(\sum{}'B(t, T)B(t, T)'\sum\right)_{j,j}$$

（边界条件为 $B^1(T, T) = B^2(T, T) = B^3(T, T) = C(T, T) = 0$），方程的解为

$$B^1(t, T) = -(T-t)$$

$$B^2(t, T) = -\frac{1-e^{-\lambda(T-t)}}{\lambda}$$

$$B^3(t, T) = (T-t)e^{-\lambda(T-t)} - \frac{1-e^{-\lambda(T-t)}}{\lambda}$$

$$C(t, T) = (K^Q\theta^Q)_2\int_t^T B^2(s, T)\,ds + (K^Q\theta^Q)_3\int_t^T B^3(s, T)\,ds$$
$$+ \frac{1}{2}\sum_{j=1}^{3}\int_t^T\left(\sum{}'B(s, T)B(s, T)'\sum\right)_{j,j}ds$$

因此，零息债券收益率为

$$y(t, T) = X_t^1 + \frac{1-e^{-\lambda(T-t)}}{\lambda(T-t)}X_t^2 + \left[\frac{1-e^{-\lambda(T-t)}}{\lambda(T-t)} - e^{-\lambda(T-t)}\right]X_t^3 - \frac{C(t, T)}{T-t}$$

证明：$B(t, T)$ 的常微分方程组为

$$\frac{dB(t, T)}{dt} = \rho_1 + (K^Q)'B(t, T), \quad B(T, T) = 0$$

因为

---

① 请注意，还有一个不可避免的“收益率调整期限”，即 $-C(t, T)/(T-t)$，它只取决于期限，而不是时间。我们后面将会详细地讨论这一收益率调整期限。

$$\frac{d}{dt}(e^{(K^Q)'(T-t)}B(t,\ T)) = e^{(K^Q)'(T-t)}\frac{dB(t,\ T)}{dt} - (K^Q)'e^{(K^Q)'(T-t)}B(t,\ T)$$

它是根据以下的常微分方程组得出的

$$\int_t^T \frac{d}{ds}[e^{(K^Q)'(T-s)}B(s,\ T)]ds = \int_t^T e^{(K^Q)'(T-s)}\rho_1\,ds$$

或也就是等同于使用边界条件，

$$B(t,\ T) = -e^{-(K^Q)'(T-t)}\int_t^T e^{(K^Q)'(T-s)}\rho_1\,ds$$

现在，对于$(K^Q)'$和$\rho_1$运用以下结构：

$$(K^Q)' = \begin{pmatrix} 0 & 0 & 0 \\ 0 & \lambda & 0 \\ 0 & -\lambda & \lambda \end{pmatrix},\ \rho_1 = \begin{pmatrix} 1 \\ 1 \\ 0 \end{pmatrix}$$

那么，非常容易地表明

$$e^{(K^Q)'(T-s)} = \begin{pmatrix} 1 & 0 & 0 \\ 0 & e^{\lambda(T-t)} & 0 \\ 0 & -\lambda(T-t)\,e^{\lambda(T-t)} & e^{\lambda(T-t)} \end{pmatrix}$$

和

$$e^{-(K^Q)'(T-s)} = \begin{pmatrix} 1 & 0 & 0 \\ 0 & e^{-\lambda(T-t)} & 0 \\ 0 & \lambda(T-t)\,e^{-\lambda(T-t)} & e^{-\lambda(T-t)} \end{pmatrix}$$

在常微分方程之中插入此式，我们就可以得到

$$B(t,\ T) = \begin{pmatrix} 1 & 0 & 0 \\ 0 & e^{-\lambda(T-t)} & 0 \\ 0 & \lambda(T-t)\,e^{-\lambda(T-t)} & e^{-\lambda(T-t)} \end{pmatrix} \times \int_t^T \begin{pmatrix} 1 \\ e^{\lambda(T-s)} \\ -\lambda(T-s)e^{\lambda(T-s)} \end{pmatrix} ds$$

现在，因为

$$\int_t^T ds = T - t$$

和

$$\begin{aligned}\int_t^T e^{\lambda(T-s)}ds &= \left[\frac{-1}{\lambda}e^{\lambda(T-s)}\right]_t^T \\ &= -\frac{1-e^{\lambda(T-t)}}{\lambda}\end{aligned}$$

和

$$\begin{aligned}\int_t^T -\lambda(T-s)e^{\lambda(T-s)}ds &= \frac{1}{\lambda}\int_{\lambda(T-t)}^0 x\,e^x\,dx \\ &= \frac{1}{\lambda}[xe^x]_{\lambda(T-t)}^0 - \frac{1}{\lambda}\int_{\lambda(T-t)}^0 e^x\,dx \\ &= -(T-t)e^{\lambda(T-t)} - \frac{1-e^{\lambda(T-t)}}{\lambda}\end{aligned}$$

常微分方程组可以简化为$B(t,\ T) = \mathrm{A} \times \mathrm{B}$，

这里

$$A = -\begin{pmatrix} 1 & 0 & 0 \\ 0 & e^{-\lambda(T-t)} & 0 \\ 0 & \lambda(T-t)\,e^{-\lambda(T-t)} & e^{-\lambda(T-t)} \end{pmatrix}$$

$$B = \begin{pmatrix} T-t \\ -\dfrac{1-e^{\lambda(T-t)}}{\lambda} \\ -(T-t)\,e^{\lambda(T-t)} - \dfrac{1-e^{\lambda(T-t)}}{\lambda} \end{pmatrix}$$

因此

$$B(t,\ T) = \begin{pmatrix} -(T-t) \\ -\dfrac{1-e^{-\lambda(T-t)}}{\lambda} \\ -(T-t)\,e^{-\lambda(T-t)} - \dfrac{1-e^{-\lambda(T-t)}}{\lambda} \end{pmatrix}$$

由此符合命题 AFNS 的要求。

这里的 AFNS 模型与 Trolle 和 Schwartz(2009) 二位学者的工作有着密切的关系，他们通过研究认为，如果每一个波动函数都由下式给出的话，那么，在一般 $m$ 维的 Heath 等人(1992) 模型当中，对于远期利率曲线的动力学，它就始终都可以运用具有时齐波动结构(time-homogeneous volatility structure) 的一个有限维的马尔可夫过程表示

$$\sigma_i(t,\ T) = p_{n,\ i}(T-t)e^{-\gamma_i(T-t)},\ i = 1,\ \cdots,\ m \tag{3.13}$$

这里，$p_{n,\ i}(\tau)$ 是 $\tau$ 中的一个 $n$ 阶多项式。因为在 DNS 模型中的远期利率满足这一要求，所以，存在着这样一个无套利的三维 Heath-Jarrow-Morton 模型。

命题 AFNS 具有几个十分有趣的含义。

第一，三个状态变量是高斯 Ornstein-Uhlenbeck 的过程，这个过程具有常量波动率矩阵 $\sum$。[①]瞬时利率是水平和斜率因子($X_t^1$ 和 $X_t^2$) 之和，而曲率因子($X_t^3$) 的唯一作用，是作为 $Q$ 测度下的斜率因子的一个随机时变均值。

第二，命题 AFNS 让我们能够深入了解参数 $\lambda$ 的性质。尽管有一些作者(比如说，Koopman 等人(2010a)) 已经考虑了时变的 $\lambda$，但是，命题 AFNS 表明它应该是一个常量。在 AFNS 模型当中，$\lambda$ 是曲率和斜率因子以及尺度(scale) 的均值回归率，据此曲率因子的均值偏差可以影响到斜率因子均值。

第三，也是最重要的是，尽管命题 AFNS 在 $Q$ 测度法下对 AFNS 动力学清楚地施加了重要的结构(也就是约束)，但是，它在 $P$ 测度法下对 AFNS 动力学没有设置任何的结构。非常重要的是，AFNS 的收益率调整期限 $-C(t,\ T)/(T-t)$，在 $P$ 测度法下是横亘在 AFNS 和 DNS 之间的一条重要鸿沟，它只取决于期限，而不取决于时间。现在，我们将提供一个收益率调整期限特性的精确描述。

### 3.3.2 收益率调整期限

遵循 Christensen 等人(2011a) 的研究成果，通过将状态变量的均值水平固定，在 $Q$ 测度下为0，也就是说 $\theta^Q = 0$，如此我们就可以确定 AFNS 模型。这意味着收益率调整期限可

① 命题 AFNS 可以扩展到包括在状态变量中的跳跃，只要跳跃达到的强度是状态独立，那么收益率函数当中的 NS 因子载荷结构就可得以维持，因为通过列入此跳跃，只有 $C(t,\ T)$ 受到影响。关于在这种情况下为了 $C(t,\ T)$ 需要修改常微分方程的详情请参见 Duffie 等人(2000)。

以表现为这样一种形式

$$\frac{C(t,T)}{T-t}=\frac{1}{2}\frac{1}{T-t}\sum_{j=1}^{3}\int_{t}^{T}\left(\sum{}'B(s,T)B(s,T)'\sum\right)_{j,j}ds$$

在下面的命题中，我们提供了一个精确的解析描述。

命题(或称命题 AFNS-adj)。AFNS 的收益率调整期限为

$$\begin{aligned}\frac{C(t,T)}{(T-t)}&=\bar{A}\left(\frac{(T-t)^2}{6}\right)\\&+\bar{B}\left(\frac{1}{2\lambda^2}-\frac{1}{\lambda^3}\frac{1-e^{-\lambda(T-t)}}{T-t}+\frac{1}{4\lambda^3}\frac{1-e^{-2\lambda(T-t)}}{T-t}\right)\\&+\bar{C}\left(\frac{1}{2\lambda^2}+\frac{1}{\lambda^2}e^{-\lambda(T-t)}-\frac{1}{4\lambda}(T-t)e^{-2\lambda(T-t)}-\frac{3}{4\lambda^2}e^{-2\lambda(T-t)}-\frac{2}{\lambda^3}\frac{1-e^{-\lambda(T-t)}}{T-t}+\frac{5}{8\lambda^3}\frac{1-e^{-2\lambda(T-t)}}{T-t}\right)\\&+\bar{D}\left(\frac{1}{2\lambda}(T-t)+\frac{1}{\lambda^2}e^{-\lambda(T-t)}-\frac{1}{\lambda^3}\frac{1-e^{-\lambda(T-t)}}{T-t}\right)\\&+\bar{E}\left(\frac{3}{\lambda^2}e^{-\lambda(T-t)}+\frac{1}{2\lambda}(T-t)+\frac{1}{\lambda}(T-t)e^{-\lambda(T-t)}-\frac{3}{\lambda^3}\frac{1-e^{-\lambda(T-t)}}{T-t}\right)\\&+\bar{F}\left(\frac{1}{\lambda^2}+\frac{1}{\lambda^2}e^{-\lambda(T-t)}-\frac{1}{2\lambda^2}e^{-2\lambda(T-t)}-\frac{3}{\lambda^3}\frac{1-e^{-\lambda(T-t)}}{T-t}+\frac{3}{4\lambda^3}\frac{1-e^{-2\lambda(T-t)}}{T-t}\right)\end{aligned}$$

这里

$$\begin{aligned}\bar{A}&=\sigma_{11}^2+\sigma_{12}^2+\sigma_{13}^2\\\bar{B}&=\sigma_{21}^2+\sigma_{22}^2+\sigma_{23}^2\\\bar{C}&=\sigma_{31}^2+\sigma_{32}^2+\sigma_{33}^2\\\bar{D}&=\sigma_{11}\sigma_{21}+\sigma_{12}\sigma_{22}+\sigma_{13}\sigma_{23}\\\bar{E}&=\sigma_{11}\sigma_{31}+\sigma_{12}\sigma_{32}+\sigma_{13}\sigma_{33}\\\bar{F}&=\sigma_{21}\sigma_{31}+\sigma_{22}\sigma_{32}+\sigma_{23}\sigma_{33}\end{aligned}$$

和

$$\sum=\begin{pmatrix}\sigma_{11}&\sigma_{12}&\sigma_{13}\\\sigma_{21}&\sigma_{22}&\sigma_{23}\\\sigma_{31}&\sigma_{32}&\sigma_{33}\end{pmatrix}$$

证明：在 AFNS 模型中，收益率调整期限一般为

$$\begin{aligned}\frac{C(t,T)}{T-t}&=\frac{1}{2}\frac{1}{T-t}\int_{t}^{T}\sum_{j=1}^{3}\left(\sum{}'B(s,T)\,B(s,T)'\sum\right)_{j,j}ds\\&=\frac{\bar{A}}{2}\frac{1}{T-t}\int_{t}^{T}B^1(s,T)^2\,ds\\&+\frac{\bar{B}}{2}\frac{1}{T-t}\int_{t}^{T}B^2(s,T)^2\,ds\\&+\frac{\bar{C}}{2}\frac{1}{T-t}\int_{t}^{T}B^3(s,T)^2\,ds\\&+\bar{D}\frac{1}{T-t}\int_{t}^{T}B^1(s,T)B^2(s,T)\,ds\\&+\bar{E}\frac{1}{T-t}\int_{t}^{T}B^1(s,T)B^3(s,T)\,ds\end{aligned}$$

$$+\bar{F}\frac{1}{T-t}\int_t^T B^2(s,\ T)B^3(s,\ T)ds$$

这里

$$\bar{A}=\sigma_{11}^2+\sigma_{12}^2+\sigma_{13}^2$$

$$\bar{B}=\sigma_{21}^2+\sigma_{22}^2+\sigma_{23}^2$$

$$\bar{C}=\sigma_{31}^2+\sigma_{32}^2+\sigma_{33}^2$$

$$\bar{D}=\sigma_{11}\sigma_{21}+\sigma_{12}\sigma_{22}+\sigma_{13}\sigma_{23}$$

$$\bar{E}=\sigma_{11}\sigma_{31}+\sigma_{12}\sigma_{32}+\sigma_{13}\sigma_{33}$$

$$\bar{F}=\sigma_{21}\sigma_{31}+\sigma_{22}\sigma_{32}+\sigma_{23}\sigma_{33}$$

为了推导 $C(t,\ T)/(T-t)$ 的解析式，我们需要求出 6 个积分方程。

第一个是

$$I_1=\frac{\bar{A}}{2}\frac{1}{T-t}\int_t^T B^1(s,\ T)^2\,ds$$

$$=\frac{\bar{A}}{2}\frac{1}{T-t}\int_t^T (T-s)^2\,ds=\frac{\bar{A}}{6}(T-t)^2$$

第二个是

$$I_2=\frac{\bar{B}}{2}\frac{1}{T-t}\int_t^T B^2(s,\ T)ds$$

$$=\frac{\bar{B}}{2}\frac{1}{T-t}\int_t^T\left[-\frac{1-e^{\lambda(T-s)}}{\lambda}\right]^2 ds$$

$$=\bar{B}\left[\frac{1}{2\lambda^2}-\frac{1}{\lambda^3}\frac{1-e^{-\lambda(T-t)}}{T-t}+\frac{1}{4\lambda^3}\frac{1-e^{-2\lambda(T-t)}}{T-t}\right]$$

第三个是

$$I_3=\frac{\bar{C}}{2}\frac{1}{T-t}\int_t^T B^3(s,\ T)ds$$

$$=\frac{\bar{C}}{2}\frac{1}{T-t}\int_t^T\left\{(T-s)\,e^{-\lambda(T-s)}-\frac{1-e^{\lambda(T-s)}}{\lambda}\right\}^2 ds$$

$$=\bar{C}\left[\frac{1}{2\lambda^2}+\frac{1}{\lambda^2}e^{-\lambda(T-t)}-\frac{1}{4\lambda}(T-t)\,e^{-2\lambda(T-t)}-\frac{3}{4\lambda^2}e^{-2\lambda(T-t)}-\frac{2}{\lambda^3}\frac{1-e^{-\lambda(T-t)}}{T-t}+\frac{5}{8\lambda^3}\frac{1-e^{-2\lambda(T-t)}}{T-t}\right]$$

第四个是

$$I_4=\bar{D}\frac{1}{T-t}\int_t^T B^1(s,\ T)B^2(s,\ T)ds$$

$$=\bar{D}\frac{1}{T-t}\int_t^T[-(T-s)]\left[-\frac{1-e^{-\lambda(T-s)}}{T-t}\right]ds$$

$$=\bar{D}\left(\frac{1}{2\lambda}(T-t)+\frac{1}{\lambda^2}e^{-\lambda(T-t)}-\frac{1}{\lambda^3}\frac{1-e^{-\lambda(T-t)}}{T-t}\right)$$

第五个是

$$I_5=\bar{E}\frac{1}{T-t}\int_t^T B^1(s,\ T)B^3(s,\ T)ds$$

$$=\bar{E}\frac{1}{T-t}\int_t^T[-(T-s)]\times\left[(T-s)\,e^{-\lambda(T-s)}-\frac{1-e^{-\lambda(T-s)}}{\lambda}\right]ds$$

$$= \bar{E}\left[\frac{3}{\lambda^2}e^{-\lambda(T-t)} + \frac{1}{2\lambda}(T-t) + \frac{1}{\lambda}(T-t)e^{-\lambda(T-t)} - \frac{3}{\lambda^3}\frac{1-e^{-\lambda(T-t)}}{T-t}\right]$$

第六个是

$$I_6 = \bar{F}\frac{1}{T-t}\int_t^T B^2(s,\ T)B^3(s,\ T)ds$$

$$= \bar{F}\frac{1}{T-t}\int_t^T\left[-\frac{1-e^{-\lambda(T-s)}}{\lambda}\right]\times\left[(T-s)e^{-\lambda(T-s)} - \frac{1-e^{-\lambda(T-s)}}{\lambda}\right]ds$$

$$= \bar{F}\left[\frac{1}{\lambda^2} + \frac{1}{\lambda^2}e^{-\lambda(T-t)} - \frac{1}{2\lambda^2}e^{-2\lambda(T-t)} - \frac{3}{\lambda^3}\frac{1-e^{-\lambda(T-t)}}{T-t} + \frac{3}{4\lambda^3}\frac{1-e^{-2\lambda(T-t)}}{T-t}\right]$$

结合这 6 个积分可以证明我们主张的结论。

由于命题 AFNS-adj 提供了分析债券收益率的公式，因此，它就极大地方便了无套利模型在经验方面的应用。由此也清楚地表明，9 个基础的波动率参数不能单独得到确定，只有$\bar{A}$、$\bar{B}$、$\bar{C}$、$\bar{D}$、$\bar{E}$和$\bar{F}$能够得到确定。因此，具有最大限度灵活性的AFNS设定，它是可识别的，并且是一个三角形的波动矩阵。

$$\sum = \begin{pmatrix} \sigma_{11} & 0 & 0 \\ \sigma_{21} & \sigma_{22} & 0 \\ \sigma_{31} & \sigma_{32} & \sigma_{33} \end{pmatrix}$$

尽管我们这里写的是一个下三角矩阵形式，然而，选择上三角矩阵或下三角矩阵都是无关紧要的。

在即将结束这一部分的分析之前，我们要对AFNS与DNS之间关系的讨论再做一点补充。就收益率曲线的建模而言，AFNS 模型融合了两种方法，这两种方法都是十分重要而又非常成功的。DNS模型是建立在经验基础之上的方法，而无套利模型则是建立在理论分析基础之上的方法。尽管这两种传统的收益率曲线模型成功的原因可能是多种多样的，但是，它们都取得了巨大的成功。具有讽刺意味的是，这两种方法也同样遭到了失败。具体来说，就拥有 DNS 传统的模型来说，尽管它们在拟合和预测方面做得非常好，但是，它们在理论方面却缺乏严谨性，因为它们可能承认存在套利机会的可能性。而与此同时，就具有无套利传统的模型来说，尽管由于施加了无套利约束，它们在理论方面是严谨的，但是，它们在拟合和预测方面的效果却可能不尽如人意。而 AFNS 模型则跨越了这两者间的分离，它采用的是一个受到 DNS 模型启发而又施加了无套利约束的模型。从接近无套利这方面来看，AFNS 模型保持了标准仿射模型的无套利理论的约束，但是，它又可以很容易地用来进行估计，因为动态的 NS 结构有助于确定潜在的收益率曲线因子，并且为零息债券价格提供了分析解决的方法。从接近 DNS 这方面来看，AFNS 模型保持了常用的 DNS 模型所具有的简洁性和经验易处理性，而与此同时，它也继承了一个令人满意的理论性质，也就是不存在无风险的套利机会。

### 3.3.3　关于 Bjork-Christensen-Filipović批判和收益率调整期限

现在我们回顾一下之前讨论过的 Bjork-Christensen-Filipović批判。运用一个二阶微分方程，我们就可以使得 NS 曲线与一个收益率明确变化的经济相符。然而，如果我们在一个规律的基础上，观测收益率并拟合 NS 曲线，结果却表明，三个 NS 因子的变化是随机的、动态的。如此，问题就又转换成了这样一个问题：NS 的债券价格与它们不承认套利机会两者之间能够保持动态的一致吗？或从技术上来说，贴现债券价格半鞅

(semi-martingales) 吗? Mönch 和 Christensen(1999) 与Filipović(1999) 非常尖锐地提出了这个问题，并换了一个说法，将这个问题更完整地表述为：就这三个因子来说，如果它们既能够体现 NS 的收益率函数，与此同时又能够确保无套利的话，那么三个因子是否存在一个发散的过程? 他们的分析结果表明，答案是否定的。

于是，对于这样一个做法，也就是使得 DNS 免于套利(命题 AFNS) 和完全表现出相关收益率调整期限的特征(命题 AFNS-adj)，如果我们回到前面的分析，去考虑一个大的学术图景，这种做法就是非常具有学术价值的。特别是对于这样两个问题：关于 AFNS 如何“工作” 和 AFNS 为何“工作” 的，这两个问题的直觉是什么? AFNS 又是如何逃脱 Bjork-Christensen-Filipović批判的?

其实，答案是非常简单的。NS 模型允许套利，是因为它具有一个确定性的基础，当收益率因子是随机的时候，它也就无法解释 Jensen 不等式影响所导致的凸性(convexity)。同样的道理但说法却完全不同，NS 模型不能施加无套利，原因在于以下两种参数之间没有关系，一种是决定收益率曲线因子动态演化的参数(换言之也就是状态方程的参数)，一种是决定收益率曲线形状和位置的参数(换言之也就是测量方程的参数)。现在借助收益率调整期限的作用，AFNS 模型就可以弥补这里的缺失，收益率调整期限以这样一种方式，也就是确保贴现债券价格半鞅因而也是无套利的，[①]从而将过渡方程和测量方程两者连接了起来。

很容易误解 Mönch 和 Christensen(1999) 以及 Filipović(1999) 的分析，并且由此得出 DNS模型不能用来分析无套利的错误结论。在现实中，学者有关这方面的论文，只是说明 DNS 模型不是用来分析无套利的，而不是说明 DNS 模型不能用来分析无套利。因此，我们的命题 AFNS 和命题 AFNS-adj 绝不是与 Mönch 和 Christensen(1999) 以及 Filipović(1999) 的分析不相容的。除此之外，命题AFNS和命题AFNS-adj一样，两者都显示出 DNS 模型“几乎” 就是无套利的，人们只需添加一个简单的时不变的调整，并让这种调整伴随其整个分析过程就可以了。

## 3.4 Workhorse 模型

在一般情况下，DNS 模型和 AFNS 模型的分析都没有涉及 $P$ 动力学，如此，就可能存在无数多的设定可供学者在分析时选择。在这里，我们将介绍有关DNS模型和AFNS模型的两个重要版本，在相关的分析文献当中，这两个版本呈现出了非常突出的特色。在随后的章节当中，我们将运用它们来帮助组织我们的思想，这些思想是关于隐含在 AFNS 当中的约束和关于 AFNS 的经验结论的。

在独立因子的 DNS 模型当中，三个状态变量是独立于一阶自回归的，这点就如 Diebold 和 Li(2006) 二人所指出的一样。该模型的状态过渡方程可以表示为

$$\begin{pmatrix} L_t - \mu_L \\ S_t - \mu_S \\ C_t - \mu_C \end{pmatrix} = \begin{pmatrix} \sigma_{11} & 0 & 0 \\ 0 & \sigma_{22} & 0 \\ 0 & 0 & \sigma_{33} \end{pmatrix} \begin{pmatrix} L_{t-1} - \mu_L \\ S_{t-1} - \mu_S \\ C_{t-1} - \mu_C \end{pmatrix} + \begin{pmatrix} \eta_t(L) \\ \eta_t(S) \\ \eta_t(C) \end{pmatrix}$$

① Steeley(2011) 开发了一种基于形状分解的 AFNS 收益率调整期限，并且表明它受一个期限的二次函数支配，该函数与 Jensen 不等式的影响有着直接联系。

这里，随机冲击 $\eta_t(L)$、$\eta_t(S)$ 和 $\eta_t(C)$ 有着协方差矩阵

$$q = \begin{pmatrix} q_{11}^2 & 0 & 0 \\ 0 & q_{22}^2 & 0 \\ 0 & 0 & q_{33}^2 \end{pmatrix}$$

在相关因子的 DNS 模型当中，状态变量遵循一阶向量自回归，就如 Diebold 等人（2006b）所指出的一样。过渡方程为

$$\begin{pmatrix} L_t - \mu_L \\ S_t - \mu_S \\ C_t - \mu_C \end{pmatrix} = \begin{pmatrix} a_{11} & a_{12} & a_{13} \\ a_{21} & a_{22} & a_{23} \\ a_{31} & a_{32} & a_{33} \end{pmatrix} \begin{pmatrix} L_{t-1} - \mu_L \\ S_{t-1} - \mu_S \\ C_{t-1} - \mu_C \end{pmatrix} + \begin{pmatrix} \eta_t(L) \\ \eta_t(S) \\ \eta_t(C) \end{pmatrix}$$

在上式当中，随机冲击 $\eta_t(L)$、$\eta_t(S)$ 和 $\eta_t(C)$ 有协方差矩阵 $Q = qq'$，这里

$$Q = \begin{pmatrix} q_{11} & 0 & 0 \\ q_{21} & q_{22} & 0 \\ q_{31} & q_{32} & q_{33} \end{pmatrix}$$

无论是在独立因子的 DNS 模型当中，还是在相关因子的 DNS 模型当中，它们的测量方程都可以表示为

$$\begin{pmatrix} y_t(\tau_1) \\ y_t(\tau_2) \\ \vdots \\ y_t(\tau_N) \end{pmatrix} = \begin{pmatrix} 1 & \frac{1 - e^{-\lambda_{\tau 1}}}{\lambda_{\tau 1}} & \frac{1 - e^{-\lambda_{\tau 1}}}{\lambda_{\tau 1}} - e^{-\lambda_{\tau 1}} \\ 1 & \frac{1 - e^{-\lambda_{\tau 2}}}{\lambda_{\tau 2}} & \frac{1 - e^{-\lambda_{\tau 2}}}{\lambda_{\tau 2}} - e - \lambda_{\tau 2} \\ \vdots & \vdots & \vdots \\ 1 & \frac{1 - e^{-\lambda_{\tau N}}}{\lambda_{\tau N}} & \frac{1 - e^{-\lambda_{\tau N}}}{\lambda_{\tau N}} - e^{-\lambda_{\tau N}} \end{pmatrix} \begin{pmatrix} L_t \\ S_t \\ C_t \end{pmatrix} + \begin{pmatrix} \varepsilon_t(\tau_1) \\ \varepsilon_t(\tau_2) \\ \vdots \\ \varepsilon_t(\tau_N) \end{pmatrix} \tag{3.14}$$

这里，测量误差 $\varepsilon_t(\tau_i)$ 是 *i. i. d.* 白噪声。

遵循 Christensen 等人（2011）的研究路径，我们可以用公式表示出相应的连续时间中的 AFNS 模型。在 $Q$ 测度下的真实世界动力学与 $P$ 测度下的风险中性动力学之间，两者的关系可以表现为

$$dW_t^Q = dW_t^P + \Gamma_t\, dt$$

这里，$\Gamma_t$ 是风险溢价。我们将关注的焦点限定在非常重要的仿射风险溢价设定，在这种设定中，$\Gamma_t$ 是状态变量 $X_t$ 当中的仿射，

$$\Gamma_t = \begin{pmatrix} \alpha\gamma_1^0 \\ \gamma_2^0 \\ \gamma_3^0 \end{pmatrix} + \begin{pmatrix} \gamma_{11}^1 & \gamma_{12}^1 & \gamma_{13}^1 \\ \gamma_{21}^1 & \gamma_{22}^1 & \gamma_{23}^1 \\ \gamma_{31}^1 & \gamma_{32}^1 & \gamma_{33}^1 \end{pmatrix} \begin{pmatrix} X_t^1 \\ X_t^2 \\ X_t^3 \end{pmatrix}$$

这种非常重要的仿射风险溢价设定保留了 $P$ 测度下的仿射动力学，换句话说，也就是 $P$ 测度的动力学，

$$dX_t = K^P[\theta^P - X_t]dt + \sum dW_t^P \tag{3.15}$$

这个方程保持了仿射。换句话说，由于 $\Gamma_t$ 设定的灵活性，使得我们可以自由选择任何均值向量 $\theta^P$，$P$ 测度下的均值回归矩阵 $K^P$，并且仍然保持着所需的 $Q$ 动态结构，这种结构是在命题 AFNS 当中描述的。因此，我们专注于两个 AFNS 模型，它们分别对应于上面所提到过的独立因子的 DNS 模型和相关因子的 DNS 模型。

在独立因子的 AFNS 模型当中，$P$ 测度下的三个状态变量各自是独立的，

$$\begin{pmatrix} dX_t^1 \\ dX_t^2 \\ dX_t^3 \end{pmatrix} = \begin{pmatrix} \kappa_{11}^P & 0 & 0 \\ 0 & \kappa_{22}^P & 0 \\ 0 & 0 & \kappa_{33}^P \end{pmatrix} \left[ \begin{pmatrix} \theta_1^P \\ \theta_2^P \\ \theta_3^P \end{pmatrix} - \begin{pmatrix} X_t^1 \\ X_t^2 \\ X_t^3 \end{pmatrix} \right] dt + \begin{pmatrix} \sigma_1 & 0 & 0 \\ 0 & \sigma_2 & 0 \\ 0 & 0 & \sigma_3 \end{pmatrix} \begin{pmatrix} dW_t^{1,P} \\ dW_t^{2,P} \\ dW_t^{3,P} \end{pmatrix}$$

在相关因子的 AFNS 模型当中，三个状态变量可能发生动态的相互作用，并且它们的冲击可能是相关的，

$$\begin{pmatrix} dX_t^1 \\ dX_t^2 \\ dX_t^3 \end{pmatrix} = \begin{pmatrix} \kappa_{11}^P & \kappa_{12}^P & \kappa_{13}^P \\ \kappa_{21}^P & \kappa_{22}^P & \kappa_{23}^P \\ \kappa_{31}^P & \kappa_{32}^P & \kappa_{33}^P \end{pmatrix} \left[ \begin{pmatrix} \theta_1^P \\ \theta_2^P \\ \theta_3^P \end{pmatrix} - \begin{pmatrix} X_t^1 \\ X_t^2 \\ X_t^3 \end{pmatrix} \right] dt + \begin{pmatrix} \sigma_{11} & 0 & 0 \\ \sigma_{21} & \sigma_{22} & 0 \\ \sigma_{31} & \sigma_{32} & \sigma_{33} \end{pmatrix} \begin{pmatrix} dW_t^{1,P} \\ dW_t^{2,P} \\ dW_t^{3,P} \end{pmatrix}$$

在所有参数的确定方面，相关因子的 AFNS 可以说是 AFNS 模型的类型当中最灵活的一种。无论是在独立因子的 AFNS 模型当中，还是在相关因子的 AFNS 模型当中，它们的测量方程都可表示为

$$\begin{pmatrix} y_t(\tau_1) \\ y_t(\tau_2) \\ \vdots \\ y_t(\tau_N) \end{pmatrix} = \begin{pmatrix} 1 & \frac{1-e^{-\lambda_{\tau 1}}}{\lambda_{\tau 1}} & \frac{1-e^{-\lambda_{\tau 1}}}{\lambda_{\tau 1}} - e^{-\lambda_{\tau 1}} \\ 1 & \frac{1-e^{-\lambda_{\tau 2}}}{\lambda_{\tau 2}} & \frac{1-e^{-\lambda_{\tau 2}}}{\lambda_{\tau 2}} - e - \lambda_{\tau 2} \\ \vdots & \vdots & \vdots \\ 1 & \frac{1-e^{-\lambda_{\tau N}}}{\lambda_{\tau N}} & \frac{1-e^{-\lambda_{\tau N}}}{\lambda_{\tau N}} - e^{-\lambda_{\tau N}} \end{pmatrix} \begin{pmatrix} X_t^1 \\ X_t^2 \\ X_t^3 \end{pmatrix} - \begin{pmatrix} \frac{C(\tau_1)}{\tau^1} \\ \frac{C(\tau_2)}{\tau^2} \\ \vdots \\ \frac{C(\tau_N)}{\tau^N} \end{pmatrix} + \begin{pmatrix} \varepsilon_t(\tau_1) \\ \varepsilon_t(\tau_2) \\ \vdots \\ \varepsilon_t(\tau_N) \end{pmatrix}$$

这里，测量误差 $\varepsilon_t(\tau_i)$ 是 *i. i. d.* 白噪声。

## 3.5 $A_0(3)$ 中的 AFNS 约束

AFNS 模型属于仿射无套利模型，在仿射无套利模型当中，它又是 Dai 和 Singleton(2000) 典型的 $A_0(3)$ 类型中的一个种类，这种无套利模型有三个状态变量，其中没有一个状态变量具有驱动平方根方差的过程。①

AFNS 是 $A_0(3)$ 而不是一些 $N>3$ 和/或 $m>0$ 的 $A_m(N)$，这种事实本身就清楚地表明，它会受到一些约束。除此之外，非常有趣的是，AFNS 包含的一些约束甚至与 $A_0(3)$ 的类型有关。在这里，我们将探讨和描述一些约束具有的特性，这些约束是 AFNS 置于典型的 $A_0(3)$ 仿射无套利模型当中的，这种模型具有最大的灵活性。

运用 $Y_t$ 表示状态变量，一个典型的 $A_0(3)$ 模型为

$$r_t = \delta_0^n + (\delta_1^n)'Y_t$$

$$dY_t = K_n^P[\theta_n^P - Y_t]dt + \sum\nolimits_n dW_t^P$$

$$dY_t = K_n^Q[\theta_n^Q - Y_t]dt + \sum\nolimits_n dW_t^Q$$

这里，$\delta_0^n \in R$，$\delta_1^n$，$\theta_n^P$，$\theta_n^Q \in R^3$ 和 $K_n^P$，$K_n^Q$，$\sum_n \in R^{3\times 3}$。②如果一定要将实质性的仿射风险溢价设定 $\Gamma_t = \gamma_n^0 + \gamma_n^1 Y_t$ 置于模型之中，那么，在 $P$ 测度下的漂移项($K_n^P$，$\theta_n^P$) 就可以独

① 在一般情况下，$A_m(N)$ 指的是，一个具有 $N$ 个状态变量驱动 $m$ 平方根方差过程的表达式。有关这方面一个富有洞察力的论述，请参见 Singleton(2000)。

② 需要注意的是，$Y_t$ 表示的是典型的表达式的状态变量，这个表达式不同于 AFNS 模型中的 $X_t$ 状态变量，并且“ $n$ ”的上标或下标表示典型的表达式当中的系数。

立地选择为在 $Q$ 测度下的漂移项($K_n^Q$，$\theta_n^Q$)。

由于潜在状态变量可能发生旋转而又不改变债券收益率的概率分布，因此，并不是上述模型当中的所有参数都能够得到识别。Singleton(2006) 施加了一些在 $Q$ 测度下识别的约束条件。具体而言，设均值 $\theta_n^Q$ 等于0，波动率矩阵 $\sum_n$ 等于单位矩阵，并且均值回归矩阵 $K_n^Q$ 等于一个三角矩阵。①因此，典型的表达式为

$$r_t = \delta_0^n + (\delta_1^n)'Y_t$$

$$\begin{pmatrix} dY_t^1 \\ dY_t^2 \\ dY_t^3 \end{pmatrix} = \begin{pmatrix} \kappa_{11}^{n,P} & \kappa_{12}^{n,P} & \kappa_{13}^{n,P} \\ \kappa_{21}^{n,P} & \kappa_{22}^{n,P} & \kappa_{23}^{n,P} \\ \kappa_{31}^{n,P} & \kappa_{32}^{n,P} & \kappa_{33}^{n,P} \end{pmatrix} \left[ \begin{pmatrix} \theta_1^{n,P} \\ \theta_2^{n,P} \\ \theta_3^{n,P} \end{pmatrix} - \begin{pmatrix} Y_t^1 \\ Y_t^2 \\ Y_t^3 \end{pmatrix} \right] dt + \begin{pmatrix} 1 & 0 & 0 \\ 0 & 1 & 0 \\ 0 & 0 & 1 \end{pmatrix} \begin{pmatrix} dW_t^{1,P} \\ dW_t^{2,P} \\ dW_t^{3,P} \end{pmatrix}$$

$$\begin{pmatrix} dY_t^1 \\ dY_t^2 \\ dY_t^3 \end{pmatrix} = - \begin{pmatrix} \kappa_{11}^{n,Q} & \kappa_{12}^{n,Q} & \kappa_{13}^{n,Q} \\ 0 & \kappa_{22}^{n,Q} & \kappa_{23}^{n,Q} \\ 0 & 0 & \kappa_{33}^{n,Q} \end{pmatrix} \begin{pmatrix} Y_t^1 \\ Y_t^2 \\ Y_t^3 \end{pmatrix} dt + \begin{pmatrix} 1 & 0 & 0 \\ 0 & 1 & 0 \\ 0 & 0 & 1 \end{pmatrix} \begin{pmatrix} dW_t^{1,Q} \\ dW_t^{2,Q} \\ dW_t^{3,Q} \end{pmatrix}$$

因此，在属于 $A_0(3)$ 模型类型之中的典型表达式，一共有22个自由参数。②

在AFNS类型当中，在 $Q$ 测度下的回归矩阵是三角形的，如此就可很容易地推导出对于 $A_0(3)$ 的约束，而通过 $A_0(3)$ 又可以得到AFNS。运用仿射不变变换，我们就可以做到这些，就如附录 $B$ 中描述的那样。

在表3－1中，我们对上面的分析结果进行了总结。相关因子的AFNS模型在 $A_0(3)$ 上设置了三个关键的参数约束。第一个参数约束是 $\delta_0^n=0$，这也就是说，瞬时无风险的利率方程没有截距。由于第二个参数约束是 $\kappa_{1,1}^{n,Q}=0$，所以也不需要有一个截距，在 $Q$ 测度下，第一个因子一定是一个单位根的过程，由此也意味着，这个因子可以确定为水平因子。最后一个参数约束是 $\kappa_{2,2}^{n,Q}=\kappa_{3,3}^{n,Q}$，这也就是说，在 $Q$ 测度下，第二个因子和第三个因子各自的均值回归率必须是相同的。独立因子的AFNS模型还保留了3个相关因子的AFNS模型具有的参数约束，并且增加到多达9个，其中6个是在 $P$ 测度下的约束，还有3个是在 $Q$ 测度下的约束。③

表3－1　　**典型 $A_0(3)$ 模型中的AFNS参数约束**

| 约束<br>参数 | 独立因子<br>AFNS | 相关因子<br>AFNS |
|---|---|---|
| $\delta_0^n$，$\delta_1^n$ | $\delta_0^n=0$ | $\delta_0^n=0$ |
| $\kappa_n^Q$ | $\kappa_{1,3}^n=0$<br>$\kappa_{1,1}^{n,Q}=\kappa_{1,2}^{n,Q}=\kappa_{1,3}^{n,Q}=0$<br>$\kappa_{2,2}^{n,Q}=\kappa_{3,3}^{n,Q}$ | $\kappa_n^Q$<br>$\kappa_{1,1}^{n,Q}=0$<br>$\kappa_{2,2}^{n,Q}=\kappa_{3,3}^{n,Q}$ |
| $\kappa_n^P$ | $\kappa_n^P$ 对角线 | 无 |
| $\theta_n^P$ | 无 | 无 |
| 约束数量 | 12 | 3 |

① 为了不失分析的一般性，在接下来的均值回归矩阵 $K_n^Q$ 当中，我们采用了上三角的形式。

② 需要注意的是，在这个典型的表达式当中，固定AFNS模型的均值在 $Q$ 测度下为0，以及将这个均值 $\theta^P$ 留在 $P$ 测度下估计，如此分析并不失去分析的一般性。

③ 对于两个AFNS模型的设定，还有一个进一步的、适度的约束，这个在附录 $B$ 当中有所描述：$\kappa_{2,3}^{n,Q}$ 必须与 $\kappa_{2,2}^{n,Q}$ 和 $\kappa_{3,3}^{n,Q}$ 有着相反的符号，但其绝对数值的大小可以自由变化。

典型的仿射 AF 模型当中的 NS 参数约束，极大地方便了我们的估计。在 AFNS 模型当中，$P$ 动力学和收益率函数两者间的关系可以通过波动率矩阵的设定，明确地由收益率调整期限联系起来，而在典型的表达式当中，由于在 $\delta_1^n$ 和 $K_n^Q$ 的设定之间存在一个交互作用，因此两者之间的关系变得模糊了。NS 的参数约束允许一个封闭形式的解，就像在下一部分中将要描述的那样，我们可以运用一个吸引人的方式，消除一个令人非常烦恼的情况，也就是所需估计似然极大值过多的情况。

## 3.6 估计

到目前为止，我们已经推导出了 NS 期限结构模型的仿射无套利类型，并且我们已经明确地描述了约束的特征，这些约束被置于标准的 $A_0(3)$ 模型之中。在这里，我们将运用一个基于卡尔曼滤波器的极大似然方法，表明如何估计 AFNS 模型。我们首先要得到 AFNS 模型的状态空间表达式。

回想一下，DNS 状态过渡方程和测量方程是简单的

$$X_t = (I - A)\mu + AX_{t-1} + \eta_t$$

和

$$y_t = BX_t + \varepsilon_t \tag{3.16}$$

在上式当中，$X_t = (L_t, S_t, C_t)$。AFNS 的状态空间表达式有些棘手，因为它需要从连续时间转换为离散时间。

就连续时间的 AFNS 来说，条件的均值向量为

$$E^P[X_T \mid F_t] = (I - \exp(-K^P\Delta t))\theta^P + \exp(-K^P\Delta t)X_t$$

和条件的协方差矩阵为

$$V^P[X_T \mid F_t] = \int_0^{\Delta t} e^{-K^P s}\sum\sum{}^{\prime-(K^P)'s}ds$$

在上式当中，$\Delta t = T - t$。按上面所列的 AFNS 的条件均值表达式，意味着 AFNS 的状态过渡方程为

$$X_t = (I - \exp(-K^P\Delta t))\theta^P + \exp(-K^P\Delta t)X_{t-1} + \eta_t$$

在上式当中，$\Delta t$ 是不同观测之间的时间。除此之外，条件方差表达式意味着过渡冲击方差 $\eta_t$ 为

$$Q = \int_0^{\Delta t} e^{-K^P s}\sum\sum{}^{\prime-(K^P)'s}ds$$

最后，AFNS 的测量方程为①

$$y_t = BX_t + C + \varepsilon_t$$

无论是在 DNS 还是在 AFNS 的环境中，两者的随机扰动结构都是

$$\begin{pmatrix}\eta_t\\ \varepsilon_t\end{pmatrix} \sim N\left(\begin{pmatrix}0\\0\end{pmatrix}, \begin{pmatrix}Q & 0\\ 0 & H\end{pmatrix}\right)$$

在上式当中，矩阵 $H$ 是对角的，而矩阵 $Q$ 在独立因子的情况下是对角的，在相关因

---

① 需要注意的是，在 DNS 模型和 AFNS 模型当中，矩阵 $B$ 都是相同的。唯一的区别是，在 AFNS 模型当中，增加了包含收益率调整期限的向量 $C$。

子的情况下则是非对角的。①

现在，我们来考虑卡尔曼滤波，我们运用它来评估 DNS 模型和 AFNS 模型的似然函数。我们将过滤器在 $P$ 测度下的状态变量的无条件均值和方差初始化。②对于 DNS 模型来说，我们有 $X_0 = \mu$ 和 $\sum_0 = V$，在这里，$V$ 的解为 $V = AVA'' + Q$。对于 AFNS 模型来说，我们有 $X_0 = \theta^P$ 和

$$\sum_0 = \int_0^\infty e^{-K^P s} \sum \sum{}^{\prime} {}^{-(K^P)'s} ds$$

我们计算该式使用了 Fisher 和 Gilles(1996) 提供的解析解。

以 $\psi$ 表示模型的参数，并且以 $Y_t = (y_1, y_2, \ldots, y_t)$ 表示在时间 $t$ 可得到的信息。考虑时期 $t-1$，并且假设状态更新 $X_{t-1}$ 以及它的均方误差矩阵 $\sum_{t-1}$ 都已经得到。那么预测的步骤是

$$X_{t|t-1} = E^P[X_t \mid Y_{t-1}] \Phi_t^{X,0}(\psi) + \Phi_t^{X,1}(\psi) X_{t-1}$$

$$\sum_{t|t-1} = \Phi_t^{X,1}(\psi) \sum_{t-1} \Phi_t^{X,1}(\psi)' + Q_t(\psi)$$

这里，对于 DNS 模型来说，我们有

$$\Phi_t^{X,0} = (I - A)\mu$$

$$\Phi_t^{X,1} = A$$

$$Q_t = Q$$

并且对于 AFNS 模型来说，我们有

$$\Phi_t^{X,0} = (I - \exp(-K^P \Delta t))\theta^P$$

$$\Phi_t^{X,1} = \exp(-K^P \Delta t)$$

$$Q_t = \int_0^{\Delta t} e^{-K^P s} \sum \sum{}^{\prime} {}^{-(K^P)'s} ds$$

在上式当中，$\Delta t$ 是不同观测之间的时间。

现在，我们考虑时间 $t$ 的更新步骤，在这一步骤中，通过运用包含在 $Y_t$ 当中的另外一些信息，我们可以改善 $X_{t|t-1}$。

$$X_t = E[X_t \mid Y_t] = X_{t|t-1} + \sum_{t|t-1} B(\psi)' F_t^{-1} v_t$$

$$\sum_t = \sum_{t|t-1} - \sum_{t|t-1} B(\psi)' F_t^{-1} B(\psi) \sum_{t|t-1}$$

这里

$$v_t = y_t - E[y_t \mid Y_{t-1}] = y_t - B(\psi) X_{t|t-1} - C(\psi)$$

$$F_t = \mathrm{cov}(v_t) = B(\psi) \sum_{t|t-1} B(\psi)' + H(\psi)$$

$$H(\psi) = \mathrm{diag}(\sigma_\varepsilon^2(\tau_1), \ldots, \sigma_\varepsilon^2(\tau_N))$$

上述预测和更新递归的联合是卡尔曼滤波器。卡尔曼滤波器的一个单通道提供了需要评估的高斯对数似然的所有要素，其中的预测误差可以分解为

$$\log l(y_1, \ldots, y_T; \psi)$$

$$= \sum_{t=1}^T \left( -\frac{1}{2} N \log(2\pi) - \frac{1}{2} \log |F_t| - \frac{1}{2} v'_t F_t^{-1} v_t \right)$$

---

① 我们还假设，过渡和测量误差是正交到初始状态的。

② 在 DNS 的情境下，通过限制 $A$ 的特征值小于 1，在 AFNS 的情境下，通过限制 $K^P$ 的每个特征值为正，如此，我们就可确保在 $P$ 测度下协方差的平稳性。

在上面这个式子当中，$N$ 表示的是所观测到的收益率数量。我们可以用数值表示 $\psi$ 的似然最大化。

## 3.7 AFNS 的拟合和预测

到目前为止，我们已经简要地勾勒出了一些 DNS 模型的拟合和预测轮廓。下面我们将对 AFNS 模型做同样的工作，特别重要的是，开始确定无套利施加给拟合和预测造成的影响。然而，这些问题的分析是复杂的，我们不仅在这里专注于分析它们，而且也会在下一章有一定的扩展，同样在结语部分（第 6 章）也是如此。

在一定程度上说，关于 AFNS 模型有一点似乎是非常清楚的，在其他条件不变的情况下，毫无疑问的是，无套利的施加会降低样本内的拟合，原因在于它涉及一些约束，但是，无套利的施加可能会提高样本外的预测性能，或者也可能不会提高样本外的预测性能，原因还是在于它涉及一些约束。另外，就如我们先前已经详细描述过的那样，在一定意义上说，AFNS 在 $P$ 测度下的约束是最小的，对于动力学没有任何的影响，相反这些约束只涉及一个固定的收益率调整期限，由这个调整期限来解释 Jensen 不等式的影响。同样，对于 AFNS 还有一点似乎是非常清楚的，在其他条件不变的情况下，就模型的拟合而言，可以肯定的是，独立因子的模型一定要比相关因子的模型差，但是，就模型的预测性能而言，独立因子的模型可能要比相关因子的模型好，或者也可能不比相关因子的模型好。

以上我们的这些说法，与 Christensen 等人（2011a）的实证研究结果完全相符，他们检验了 AFNS 样本内的拟合和样本外的预测相对于 DNS（无论是独立因子的版本，还是相关因子的版本）的性能。

就模型的样本内拟合来说，他们的分析表明，NS 的参数约束极大地方便了估计，运用一个简单和稳健的 AFNS 环境加以替代，可让人们避免挑战 $A_0$（3）的估计环境，他们的分析还表明，数据强烈地支持更加灵活的相关因子的设定，无论是对于 DNS 模型还是对于 AFNS 模型来说，结论都是如此。

就模型的样本外预测来说，Christensen 等人（2011a）的研究表明，结论发生了逆转：更加简洁的独立因子的模型，它的预测性能也要更好一些。除此之外，他们在研究之中还饶有兴致地发现，通过在每个模型的类型（独立因子的、相关因子的）之中施加无套利，好处是切实能够体现出来的，特别是对于独立因子的模型。表 3-2 非常好地总结了各种模型的预测结果。$AFNS_{独立}$ 在 10 次预测比赛当中获得了 9 次胜利（5 个是期限，2 个是预测的期间）。除此之外，令人非常感兴趣的是，关于各种模型的一些比较：$AFNS_{相关}$ 与 $AFNS_{独立}$ 比较（结果是，$AFNS_{独立}$ 为显而易见的大赢家），$DNS_{相关}$ 与 $AFNS_{相关}$ 比较（结果是，两者互有胜负），$DNS_{相关}$ 与 $DNS_{独立}$ 比较（结果是，虽然两者互有胜负，但是，一般是更有利于 $DNS_{独立}$ 的）。由于我们和其他学者一直强调独立因子的模型，希望借助于该模型，我们能够看到施加无套利的预测效果，所以，依据我们的观点，倒数第二个的 $DNS_{独立}$ 与 $AFNS_{独立}$ 的比较也就成为了我们关注的重点。结果这里的结论是非常明确的：$AFNS_{独立}$ 自始至终都战胜了 $DNS_{独立}$。

表 3-2 **样本外的预测性能：四种 DNS 和 AFNS 模型**

| 模型 | 预测期间（月）h=6 | h=12 |
| --- | --- | --- |
| 3 个月收益率 | | |
| $DNS_{独立}$ | 96.87 | 173.39 |
| $DNS_{相关}$ | 87.43 | 166.91 |
| $AFNS_{独立}$ | 91.63 | 164.70 |
| $AFNS_{相关}$ | 88.49 | 161.94 |
| 1 年收益率 | | |
| $DNS_{独立}$ | 103.25 | 170.85 |
| $DNS_{相关}$ | 102.71 | 173.14 |
| $AFNS_{独立}$ | 98.49 | 163.46 |
| $AFNS_{相关}$ | 98.63 | 165.50 |
| 3 年收益率 | | |
| $DNS_{独立}$ | 92.22 | 135.24 |
| $DNS_{相关}$ | 99.55 | 145.82 |
| $AFNS_{独立}$ | 86.99 | 126.95 |
| $AFNS_{相关}$ | 90.64 | 135.79 |
| 5 年收益率 | | |
| $DNS_{独立}$ | 87.87 | 122.09 |
| $DNS_{相关}$ | 94.95 | 132.40 |
| $AFNS_{独立}$ | 82.41 | 112.85 |
| $AFNS_{相关}$ | 88.15 | 124.87 |
| 10 年收益率 | | |
| $DNS_{独立}$ | 74.71 | 105.02 |
| $DNS_{相关}$ | 79.48 | 112.37 |
| $AFNS_{独立}$ | 67.48 | 92.39 |
| $AFNS_{相关}$ | 90.21 | 123.89 |

注：我们显示了四种模型当中每一种的样本外根均方预测误差（RMSFE）。对于每种期限和期间，最小的 RMSFE 是用方框中的数字表示的。单位是用基点表示的。

我们并不是第一个发现这种预测结果的人，也就是无套利的施加可能会提高收益率曲线的预测性能。比如说，Ang 和 Piazzesi（2003）、Favero 等人（2011）以及 Mönch（2008），他们的研究也都发现，施加无套利通常有助于改善向量自回归模型的预测性能，就像 Almeida 和 Vicente（2008）在运用多项式模型中所做的分析一样，以及 Carriero 和

Giacomini（2011）运用经济损失函数（economic loss functions）时所做的分析一样。除此之外，我们当然也不是这种预测结果的唯一发现者，也就是在样本外的预测方面 $AFNS_{独立}$ 优于 $DNS_{独立}$。事实上，一些学者——比如说，Gimeno 和 Marque′s（2009），他们像 Christensen 等人（2011a）一样，也做过完全相同类型的 AFNS 与 DNS 的比较分析，但运用了不同的数据集——他们发现无套利施加往往能够产生巨大的预测改进。

尽管有来自我们和其他学者的证据证明，然而，在 DNS 模型中施加无套利增强了预测，这种说法或多或少还是有点令人感到奇怪的——甚至是令人感到不安的——因为我们的核心命题，AFNS 和 AFNS 调整（AFNS-adj）明确地表明，免于套利并没有约束物理的收益率动力学。关于施加无套利改善预测的可能性，在更为一般的情境下，最近的一些研究——比如说，Duffee（2011b）和 Joslin 等人（2011b）以及 Joslin 等人（2011a）——也看到了一个类似的悲观前景。

这里，至少存在两种解释的可能性。

首先，就我们所做的这方面工作来说，也就是发现在预测方面 AFNS 比 DNS 具有优势，我们和不同的学者可能只是凭借着“非常好的运气”，针对的是具体的和往往是小样本得出的预测结果。当然，也不是所有的研究人员都发现了施加无套利的预测好处。例如，Coroneo 等人（2011）以及 Nyholm 和 Vidova-Koleva（2011）对于各种方法的优劣进行了经验评估，并且得出了如下结论：在预测方面，没有施加无套利的模型常常仍然具有高度的竞争性。这也就是说，他们发现在预测方面施加无套利几乎没有什么优势可言。

其次，就支持我们发现 AFNS 比 DNS 具有预测优势的工作来说，虽然无套利没有设置对 DNS 物理的动力学约束，但是它却增加了一个极其重要的收益率调整期限，这种增加是千真万确的，尽管这种调整期限的时间不变。可以想象的是，收益率调整期限提供了一个实实在在的“偏差修正（bias correction）”型的预测好处。

在这一章的结语部分，我们将回归到施加无套利增强预测的这个问题上来。事实上，我们一直将这个问题视做研究议程的一个重要项目，也就是增加对这样一个问题的理解——是否施加无套利以及施加无套利何时增强了预测。然而，现在让我们把这个问题放在一边，不是比较我们模型版本当中的“套利”（DNS）与“无套利”（AFNS），而是将 AFNS 与另一种重要的无套利模型进行比较。

需要特别指出的是，将独立因子的 AFNS 模型与 $A_0$（3）模型的预测直接进行比较，是由主要研究人员精挑细选、估计和运用的。出于此目的，Christensen 等人（2011a）的研究是奠定在 Duffee（2002）研究的基础之上，Duffee 检验了 $A_0$（3）模型种类的预测性能，对具有最大的灵活性版本（假设仿射风险溢价结构）和更为简洁的“优先”设定两者进行了估计，数据为 1952 年 1 月至 1994 年 12 月间的。Christensen 等人将 Duffee 进行的预测比较扩展到了包括独立因子的 AFNS 模型，他们的估计精确地运用了 Duffee 的数据集，使用了 3 个月、6 个月、1 年、2 年、5 年和 10 年期的国债收益率。在 Duffee 优先的 $A_0$（3）模型当中，对 21 个参数进行了估计，而在我们的 AFNS 模型当中，对 16 个参数进行了估计，其中包括 6 个测量误差的标准偏差。

我们在表 3-3 当中显示的 RMSFEs，它是关于 Duffee 检验的两个模型（随机游走和 $A_0$（3）），加上 Duffee 检验的独立因子的 AFNS 模型，用的是 6 个月、2 年和 10 年期的国债收益率期限。每个预测模型的 RMSFEs 是基于两个预测，一个是 6 个月之前所做的 42

个预测，时间是从 1995 年 1 月到 1998 年 6 月，一个是 12 个月之前所做的 36 个预测，时间是从 1995 年 1 月到 1997 年 12 月。对于每个期限–期间（maturity-horizon）组合，独立因子的 AFNS 模型预测都是最准确的，自始至终都优于随机游走和 Duffee 优先的 $A_0$（3）模型，这种优越的样本外的预测性能清楚地表明，独立因子的 AFNS 模型是重要的，尤其重要的是，它是一般 $A_0$（3）模型类型中很好确定的一个种类。

表 3-3　　**样本外的预测性能：随机游走，$A_0$（3）和 AFNS$_{独立}$**

| 期限/（模型） | 预测期间（月）<br>h=6 | h=12 |
|---|---|---|
| 6 个月收益率 | | |
| 随机游走 | 40.0 | 48.4 |
| 优先 $A_0$（3） | 36.5 | 42.1 |
| AFNS$_{独立}$ | [34.0] | [41.3] |
| 2 年收益率 | | |
| 随机游走 | 65.2 | 76.2 |
| 优先 $A_0$（3） | 56.6 | 60.0 |
| AFNS$_{独立}$ | [54.3] | [59.0] |
| 10 年收益率 | | |
| 随机游走 | 66.9 | 81.5 |
| 优先 $A_0$（3） | 63.6 | 73.8 |
| AFNS$_{独立}$ | [60.7] | [71.8] |

注：我们运用 Duffee 的数据集进行估计，显示了随机游走模型的 RMSFEs、Duffee 的优先 $A_0$（3）模型和独立因子的 AFNS 模型的结果。对于每种期限和期间，最小的 RMSFE 是用方框中的数字表示的。单位是用基点表示的。有关的详细情况，请参见 Christensen 等人（2011a）的研究。

# 第4章

# 扩展

在这一章当中，我们将运用前面章节当中已经发展起来的一些思想，强调这些思想对于我们一直在进行的研究项目所具有的一些极具活力的方面。首先，我们将从一个具有马赛克式风格的概述工作开始，这种工作涉及如下几个方面：贝叶斯分析、因子载荷的函数形式、信用利差的期限结构和非线性。其次，我们将更加详细地讨论一个久负盛名的话题，也就是有关三个以上收益率因子结合的问题，无论是在以前还是在目前，这个话题都受到了学者们十分广泛的关注。再次，我们还会给予 UVS（非跨越随机波动）问题一些关注，以便探讨 DNS 和 AFNS 情境之中的随机波动。最后，我们还将详细地讨论一个至关重要的话题，也就是在宏观经济基本面与债券收益率之间的关系当中，如何合并宏观经济基本面，这个话题也包括在我们的研究议程之中。与此相对应，我们将介绍 DNS 和 AFNS 情境中的实际收益率与名义收益率的建模，不过，对于这个主题的详细探讨，我们将在第 5 章当中进行。

## 4.1 基本主题的变化

学者对于 DNS/AFNS 的研究，正在以一个稳健的步伐不断地向前发展。在这里，我们只是对其中一些更有趣的和更重要的发展做一些简单概述，以此表达我们对于一些问题和想法的一种感觉，对于那些想进一步深入挖掘这些问题和想法的人们，我们将提供一些有益的参考文献。

### 4.1.1 贝叶斯收缩

到目前为止，我们要么已经施加了各种约束，要么没有施加约束。这方面的例子包括：与独立因子的 DNS 模型相联系的独立约束，与相关因子的 AFNS 模型相联系的无套利约束，或者在独立因子的 AFNS 模型当中同时施加独立约束和无套利约束。

对于这些“硬约束（hard constraints）”，人们可以把它们视做添加了先验的贝叶斯分析的结果。但是，人们也可能想施加一些“软约束（soft constraints）”，在某些方向上进行不带有强迫性的诱导(“收缩”)估计。这也就是说，人们可能想做一个信息先验的贝叶斯分析，而且具有不完美的先验精度，以便似然信息与先验信息混合，而不是简单地丢弃。众所周知，这种收缩往往可以提高预测的性能。[①]

在预测收益率曲线的建模方面，我们拥有大量的机会采用这种收缩的想法，并且循着这些思路所进行的研究也正在不断地出现。Carriero 等人（2010）对一大组收益率做了一个向量自回归模型的贝叶斯分析，他们的分析运用了“明尼苏达先验（Minnesota prior）[②]”，在实证宏观经济学研究的文献当中，明尼苏达先验应用得颇为广泛。他们的分析也已经获得了令人鼓舞的预测效果，虽然这些预测结果并不是每一次都战胜了随机游走的预测，但是这种胜利却是系统性的。

明尼苏达先验属于一个统计先验。然而，就收益率曲线模型来说，在经济方面一个明显、基准的收缩方向，无疑是指向了隐含着无套利的约束。Carriero（2011）的分析也正是这样做的，不过，施加一个向量自回归模型的收缩朝向 Ang 和 Piazzesi（2003）的无套利组合，它的预测结果可能是非常惊人的。基于收缩朝向 Ang-Piazzesi 无套利的向量自回归模型，它的预测性能可以在以下几个方面得到改善：在不受约束的向量-自回归预测（vector-autoregressive forecast）方面；在 Ang-Piazzesi 受约束的向量-自回归预测方面；在其他方向收缩了的向量-自回归预测方面。特别值得注意的是，来自 Ang-Piazzesi 收缩了的向量自回归预测，控制着来自向量-随机游走（vector-random walk）收缩了的向量自回归预测，向量-随机游走收缩了的向量自回归预测与明尼苏达先验相关，尤其是在一个长的期间内。[③]

然而，上述分析也留下了一个显而易见的问题，也就是朝向与 AFNS 相关联约束的收缩，而不是限制施加的这些约束，是否会增强 AFNS 的预测性能。一方面，正如我们前面已经强调过的那样，收缩常常不仅要好于无约束的方法，而且也要好于完全约束的方法。另一方面，就像我们同样已经强调过的一样，AFNS 对于 DNS 的约束实际上是相当小的，甚至很可能相当接近于这样一种情况——没有施加的时候或没有收缩朝向的时候。我们期待着将来的研究能够解决这种遗留的问题。

与此相关的是，一些初步的证据已经表明，存在着这样一些可能的收益，也就是来自朝向与 AFNS 相联系的、强 $Q$ 测度下的约束（而不是最小 $P$ 测度下的约束）收缩的收益。在一定程度上，市场不是风险中性的，因而 $Q$ 测度下的约束在现实世界中不太可能得到完全保持，但与此同时，它们也可能不会相差太远，Hua（2010 a）的分析表明，它们可能会保持得相当好。这与单变量的正交因子动力学经验上的成功可能是密切相关的。它与施加一个对角动态矩阵相符合，而风险中性的动态矩阵是对角的，除了一个单一的非零非对角线元素（2.3）以外。

### 4.1.2 替代因子载荷

运用不同于 DNS 的参数形式，人们可以接近收益率因子载荷。例如，在一篇重要的关于 DNS 的早期论文当中，Almeida（2005）寻求一个具有可解释的因子结构模型，这种模型也是无套利的。他将期限结构模型表示为一个勒让德多项式（Legendre polynomials）的线性组合形式，该多项式具有随机系数，表明它确实可以用于无套利。因此，尽管 Almeida 的方法在数学上与 AFNS 存在非常大的差异，但是它在精神上却是

① 详情请参见 Diebold（2007）的分析。
② 有关明尼苏达先验的讨论，详情请参见最优秀的 Doan 等人（1984）的分析。
③ 有意思的是，当与经济相关的方向收缩时，在最近具有 Ingram 和 Whiteman（1994）传统实证宏观经济学的研究结果当中，也发现了额外的增强。详情请参见 Schorfheide（2011）的分析。

非常相似的。①

作为一种选择，采用一种因子载荷的非参数方法，这也是可能的。例如，Park 等人（2009）运用了一系列的估计方法，而 Fengler 等人（2007）则采用一个内核估计方法（kernel estimation approach）。② Bowsher 和 Meeks（2008）、Jungbacker 等人（2010）以及 Almeida 等人（2011）利用的则是三次样条（cubic splines）。

然而，我们要强调的是，放松参数约束不一定就是可取的。事实上，原本运用 DNS 和 AFNS 的动机，就是不受约束的收益率曲线模型一般会导致样本内的过渡拟合，所以，对模型施加一些约束可能有着积极的帮助，并且还不需要大幅度降低拟合。③ 因此，如果非参数方法要想发挥作用的话，特别是对于样本外的预测发挥作用的话，那么它们可能就需要调整产生平滑的载荷，这点就像 DNS 一样。④ 无论在什么情况下，人们都可以根据情况的需要，通过选择一个适当的带宽，使得平滑能够得以执行，虽然在实践中确定一个"适当的"带宽可能是非常难的。

人们也可以运用类似于 DNS 的方式，将贴现曲线和远期利率曲线运用参数表示。⑤ 这里有两个主要的例子可以说明：一个是 Chua 等人（2008）的分析，他们运用指数成分将远期利率曲线 $f_t(\tau)$ 模型化（而 DNS 自然是运用指数成分将收益率曲线 $y_t(\tau)$ 模型化）；另一个是 Litzenberger 等人（1995）的分析，他们运用指数成分将贴现曲线模型化 $P_t(\tau)$。

相对于 DNS 方式来说，Litzenberger 等人（1995）所进行的分析，无论是相似还是不同，都是十分有趣的。借助于对数变换，我们可以看出，贴现曲线和收益率曲线两者实际上是相关联的，

$$y_t(\tau) = -\frac{1}{\tau}\log P_t(\tau)$$

如此，在一个因子的情况下，Litzenberger 等人的方法与 DNS 的方法实际上是相同的。然而，在多因子的情况下，收益率曲线当中的因子总数将不同于贴现曲线当中的因子总数（原因在于对数的总和并不等于各个对数加总之和），如此，两种方法之间也就不存在一般、简单的映射了。

### 4.1.3 利差

NS 收益率曲线是接近于经过转换的利差的。这也就是说，如果收益率 $y_t^1(\tau)$ 和 $y_t^2(\tau)$ 的两个期限结构遵循具有相同 $\lambda$ 的 DNS，那么，利差的期限结构也同样要遵循 DNS。特别重要的是，如果

$$y_t^1(\tau) = l_t^1 + s_t^1\left(\frac{1-e^{\lambda\tau}}{\lambda\tau}\right) + c_t^1\left(\frac{1-e^{\lambda\tau}}{\lambda\tau} - e^{-\lambda\tau}\right)$$

和

$$y_t^2(\tau) = l_t^2 + s_t^2\left(\frac{1-e^{\lambda\tau}}{\lambda\tau}\right) + c_t^2\left(\frac{1-e^{\lambda\tau}}{\lambda\tau} - e^{-\lambda\tau}\right)$$

---

① 详情也请参见 Almeida 等人（2003）以及 Almeida 和 Vicente（2008）的分析。

② Fengler 等人（2007）的分析是建立在 Fengler 等人（2002）的分析基础之上的，不仅是在方法论方面而且在将隐含波动率表面作为重点方面，以至于建模的对象是一个时间序列的三维表面。详情也请参见 Brüggemann 等人（2008）的分析。

③ 一个令人感兴趣的、最近的例子是，一个拥有格外紧密参数的无套利收益率曲线模型，然而，它拟合得也非常好，详情也请参见 Calvet 等人（2010）的分析。

④ 这种"平滑先验"的传统至少可追溯到 Shiller（1973）。Jungbacker 等人（2010）和 Almeida 等人（2011）通过运用不同的技巧来促进平滑，推动了这个方向的发展。

⑤ 不仅在贴现曲线而且在远期利率曲线情境之中，人们也可以运用非指数参数函数逼近，就像运用非参数方法一样。

然后，繁琐的代数表明，

$$dy_t(\tau) = dl_t + ds_t\left(\frac{1-e^{\lambda\tau}}{\lambda\tau}\right) + dc_t\left(\frac{1-e^{\lambda\tau}}{\lambda\tau} - e^{-\lambda\tau}\right)$$

这里，

$$dy_t(\tau) = (y_t^1(\tau) - y_t^2(\tau))$$

$$dl_t = (l_t^1 - l_t^2)$$

$$d\varepsilon_t - (\varepsilon_t^1 - \varepsilon_t^2)$$

$$dc_t = (c_t^1 - c_t^2)$$

请注意这个直观的结果，也就是每一个利差曲线的因子只是相应的那些潜在收益率曲线的因子之差。

在实际应用当中，由于人们常常对于利差的期限结构非常感兴趣，所以转换利差的闭合也是十分有用的。例如，Chen 和 Tsang（2009，2010）二人就运用 DNS 模型，研究了跨国政府债券的利差期限结构，通过抛补利息平价（covered interest parity），这种期限结构相当于远期溢价的期限结构。[①] 在一项关于美国、英国、加拿大和日本等国的研究当中，他们的分析发现，收益率曲线因子含有未来双边即期汇率的预测内容，期间从 1 个月到 24 个月不等。

企业债券利差的期限结构（也就是一个给定等级的可违约企业债券收益率与无风险政府债券收益率的利差）问题，也是一个十分令人感兴趣的问题。比如说，在 Yu 和 Salyards（2009）以及 Yu 和 Zivot（2011）的研究当中，他们运用 DNS 模型，预测了在 1994 年 12 月至 2006 年 4 月间的投资级公司债券和投机级公司债券。[②] 他们的分析采用的是标准的独立因子的 DNS 模型，结果取得了令人非常满意的预测效果，而且他们还记述了投资级别债券与投机级别债券在提取因子动态方面的重大差异。Christensen 和 Lopez（2011）则运用无套利版本的 DNS（AFNS），研究了美国公司债券利差因子是否含有国债收益率的预测内容。在 Christensen 等人（2010b）的研究当中，他们采用相同的模型，研究了中央银行的流动性工具对短期银行同业拆借利率的影响。

在采用 DNS 类型进行收益率建模的最雄心勃勃时期，Hua（2010b）运用 Merton（1974）以及 Campbell 和 Tacksler（2003）的“默顿模型（Merton model）”进行了分析，将公司债券利差与发行股票的波动性联系起来。然而，他的研究运用了一种完整的期限结构，也就是将利差期限结构因子与股票市场隐含的波动率期限结构因子联系起来的期限结构，每一个期限结构都适合使用 DNS 模型。结果，Hua 发现了一个强有力的证据，在这样一个情境当中，也就是在一个比先前曾经考虑过的明显更加丰富的、更加微妙的情境当中，波动因子（尤其是波动的水平因子）的格兰杰原因（Granger-causes）可归功于利差水平，从而也就证明了 Merton（1974）理论上的预测。

### 4.1.4 非线性

非线性可以出现在各种不同的形状和大小之中。在这里，我们专注于两个方面。首先，我们考虑时变的 λ，它引导我们从线性进入到非线性状态空间情境之中。其次，我们

① 详情也请参见 Koivu 等人（2007a，b）的分析。
② 详情也请参见 Krishnan 等人（2010）的分析。

考虑状态转移的收益率因子动力学。

4.1.4.1　时变的 λ

人们在估计当中可以容许 λ 随时间变化而变化。测量方程（2.3）现在涉及因子载荷的一个时变方程组矩阵，

$$y_t = \Lambda_t f_t + \varepsilon_t \tag{4.1}$$

这里，

$$\Lambda_t = \begin{pmatrix} 1 & \frac{1-e^{-\tau 1 \lambda_t}}{\tau 1 \lambda_t} & \frac{1-e^{-\tau 1 \lambda_t}}{\tau 1 \lambda_t} - e^{-\tau 1 \lambda_t} \\ 1 & \frac{1-e^{-\tau 2 \lambda_t}}{\tau 2 \lambda_t} & \frac{1-e^{-\tau 2 \lambda_t}}{\tau 2 \lambda_t} - e^{-\tau 2 \lambda_t} \\ \vdots & \vdots & \vdots \\ 1 & \frac{1-e^{-\tau N \lambda_t}}{\tau N \lambda_t} & \frac{1-e^{-\tau N \lambda_t}}{\tau N \lambda_t} - e^{-\tau N \lambda_t} \end{pmatrix}$$

我们还可以将 $\lambda_t$ 添加到状态向量之中，以便合并它的动力学。

而 Koopman 等人（2010a）就曾经探讨过这种模型。在这样一些情况下，也就是不仅涉及时变的曲率，而且也涉及最大曲率（“弓中心（bow center）”）的时变位置，这种模型可能是特别有用的。比如说，最近，美国收益率曲线短端的一个非常显著的和变化的部分就已经处在下限 0 的水平，而时变 λ 就可以帮助人们理解这种时变收益率曲线的扭结。

然而，存在着这样一个事实，它抵消了这里勾画的时变 λ 具有的潜在吸引力，这个事实就是目前开发的 AFNS 调用常数 λ。恒定的 λ 连同 AFNS 的其他假设一起，对于无套利来说是否一定是必要的，目前这还是一个悬而未决的问题，我们期待着将来在这方面能有更多的研究。

4.1.4.2　结构转换的状态动力学

一些学者的研究已经极大地丰富了 DNS 的分析，包括非线性状态转换收益率因子动力学。无论什么情况，基本的思路是取代线性收益率因子动力学

$$f_t = c + A f_{t-1} + \eta_t$$

状态转换动力学按照下式进行

$$f_t = c_{s_t} + A_{s_t} f_{t-1} + \eta_t$$

$$\eta_t \sim N(0, \sigma_{s_t}^2)$$

在两个状态模型的主要例子之中，式中的 $s_t = 1$、2。当 $c_1 = c_2$、$A_1 = A_2$ 和 $\sigma_1^2 = \sigma_2^2$ 时，标准的线性动力学是作为一个特殊情况出现的。

比如说，Bernadell 等人（2005）借用了 Hamilton（1989）传统中的马尔可夫状态转换动力学（Markov regime-switching dynamics），在这种情况下，$s_t$ 是一个潜在的一阶马尔可夫过程。事实上，他们走得更远，允许 Diebold 等人（1994）传统中的时变的过渡概率矩阵。因此，控制 $s_t$ 的是①

$$P_t = \begin{pmatrix} p_{11,t} & 1-p_{11,t} \\ 1-p_{22,t} & p_{22,t} \end{pmatrix}$$

① 详情也请参见 Nyholm（2008）、Nyholm 和 Rebonato（2008）以及 Guidolin 和 Timmermann（2009）的分析。

Zantedeschi 等人（2011）运用一个粒子滤波器（particle filter）推理，在一个相关的非线性非高斯情境下进行了研究。事实上，序贯蒙特卡罗方法（sequential Monte Carlo methods）的最新进展，为统一非常普遍的非线性和非高斯状态空间收益率曲线模型的分析和估计，开辟了一条道路。①

## 4.2 其他的收益率因子

在有关 DNS 的分析文献中，人们偶尔也会看到一些二因子的模型，这也就是说曲率因子被省略了。然而，学者这样做的意图通常是出于容易处理的考虑，而不是出于现实的考虑，比如说在 Diebold 等人（2008）的早期多国模型之中，又比如说在 Diebold 等人（2005）的二因子 AFNS 的初期形式之中。事实上，现在，学者更多的注意力已经都集中在了加入其他的因子。

在这些加有其他因子的模型当中，最重要的应属 NS 曲线的斯文森扩展（Svensson extension（1995）），这种扩展的模型被广泛地应用于产业分析和中央银行的分析之中。② Svensson 运用一个较长期限的驼峰，添加了第二曲率变量，因而更好地促进了较长期限的拟合。因此，我们现在将继续进行动态的斯文森模型分析。后面将会有一些惊喜等待着我们。

### 4.2.1 四因子：动态 Nelson-Siegel-Svensson（DNSS）

在 NS 模型当中，斜率和曲率这两个变量会随着期限延长而迅速趋近于零。为了解决这个在拟合横截面收益率时偶发的问题，Svensson（1995）推出了一个具有额外曲率变量的 NS 扩展版本。

$$y(\tau) = \beta_1 + \beta_2\left(\frac{1 - e^{-\lambda_{1\tau}}}{\lambda_{1\tau}}\right) + \beta_3\left(\frac{1 - e^{-\lambda_{1\tau}}}{\lambda_{1\tau}} - e^{-\lambda_{1\tau}}\right) + \beta_4\left(\frac{1 - e^{-\lambda_{2\tau}}}{\lambda_{2\tau}} - e^{-\lambda_{2\tau}}\right)$$

正如预期的那样，在经验拟合横截面收益率时，斯文森扩展常常在长期限方面比 NS 的拟合要更好一些。

就像 Diebold 和 Li（2006）二人运用 NS 模型中的动态过程（“因子”）取代三个 $\beta$ 系数一样，我们也可以用在 Nelson-Siegel-Svensson 模型中具有的动态过程（$L_t$，$S_t$，$C_t^1$，$C_t^2$）取代四个 $\beta$ 系数，这些动态过程可以由水平、斜率、第一曲率和第二曲率各自来解释。这种动态因子版本的 Nelson-Siegel-Svensson 曲线，我们称之为 dynamic Nelson-Siegel-Svensson（DNSS），它的形式如下

$$y_t(\tau) = L_t + S_t\left(\frac{1 - e^{\lambda_{1\tau}}}{\lambda_{1\tau}}\right) + C_t^1\left(\frac{1 - e^{\lambda_{1\tau}}}{\lambda_{1\tau}} - e^{-\lambda_{1\tau}}\right) + C_t^2\left(\frac{1 - e^{-\lambda_{2\tau}}}{\lambda_{2\tau}} - e^{-\lambda_{2\tau}}\right)$$

在图4－1当中，我们展示了作为一个期限函数当中的四个因子载荷。DNSS模型的完成还需要因子动力学的设定，我们将其设定为一个向量自回归，就像我们在 DNS 模型当中曾经做过的一样。

Filipović（1999）对于 NS 的批判，即如果 NS 得以动态化的话，那么 NS 也就不会是无套利了，也适用于刚刚推出的四因子 DNSS 模型。人们都希望 DNSS 能够与 AFNS 和 DNS

① 详情请参见 Fulop（2009）以及 Giordani 等人（2011）的分析。
② 这方面的例子包括，美国联邦储备委员会（详情请参见 Gürkaynak 等人（2007）的分析）、欧洲中央银行（详情请参见 Coroneo 等人（2011）的分析），以及其他许多国家的中央银行（详情请参见 Söderlind 和 Svensson（1997）以及 BIS（2005）的分析）。

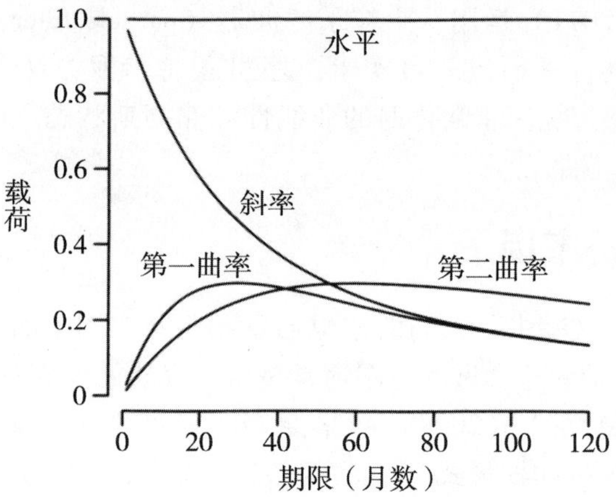


**图 4 - 1　DNSS 的因子载荷**

注：我们用图形将 DNSS 的因子载荷表示为一个期限函数，$\lambda_1 = 0.0609$ 和 $\lambda_2 = 0.0295$。

一样，可以推导出 DNSS 模型是近似无套利的。然而，由于第 3 章 AFNS 的技术命题明确表明，一个 DNSS 模型无套利的高斯版本是不可能存在的，因为这个版本要求，每一个曲率因子都要与一个斜率因子相匹配，并以同样的速度均值回归，而对于 DNSS 当中拥有的单个斜率因子来说，这是不可能的。①因此，在下一小节当中，我们将添加一个第二斜率因子，以便匹配斯文森的第二曲率因子，我们将设法弄清楚这样一个问题，即是否可以找到风险中性的约束，使得五因子模型无套利。

### 4.2.2　五因子：无套利的广义 NS(AFGNS)

前面的讨论已经表明，通过采用第二斜率因子的形式，在 AFNS 模型当中列入第五个因子，我们可以创建一个广义的 AFNS 模型。沿着 Christensen 等人(2009) 的分析路径，这种模型的收益率函数可以采取如下形式

$$y_t(\tau) = L_t + S_t^1\left(\frac{1-e^{-\lambda_1\tau}}{\lambda_{1\tau}}\right) + S_t^2\left(\frac{1-e^{-\lambda_2\tau}}{\lambda_{2\tau}}\right) + C_t^1\left(\frac{1-e^{-\lambda_1\tau}}{\lambda_{1\tau}} - e^{-\lambda_1\tau}\right) + C_t^2\left(\frac{1-e^{-\lambda_2\tau}}{\lambda_{2\tau}} - e^{-\lambda_2\tau}\right)$$

对于这种动态的、广义的 NS 模型，我们可以将它称为 DGNS(dynamic generalized Nelson-Siegel) 模型，它是一个拥有五个因子的模型，这五个因子分别为：一个水平因子、两个斜率因子以及两个曲率因子。需要特别注意的是，我们施加的约束 $\lambda_1 > \lambda_2$，由于对称的原因而不具约束力。②在图 4 - 2 当中，我们显示了作为期限函数的五因子载荷。

命题 AFNS 模型的一个直接扩展提供了一个 DGNS 模型的无套利版本，我们简称为 AFGNS。

命题(命题 AFGNS)。*假设的瞬时无风险利率为*

$$r_t = X_t^1 + X_t^2 + X_t^3$$

同时我们假设，5 个状态变量分别为 $X_t^1$、$X_t^2$、$X_t^3$、$X_t^4$、$X_t^5$，它们在风险中性的 $Q$ 测度下可以由随机微分方程来描述：

---

① 然而，如果人们离开高斯类型，创造一个无套利的 DNSS 版本，这在技术上是可能的，就像在 Sharef 和 Filipović(2004) 的模型一样，该模型有 Cox 等人(1985) 的平方根波动。

② Björk 和 Christensen(1999) 提出了一个相关扩展的 NS 模型，它有一个水平因子、两个斜率因子和一个具有 $\lambda_1 = 2\lambda_2$ 约束的单一曲率因子。

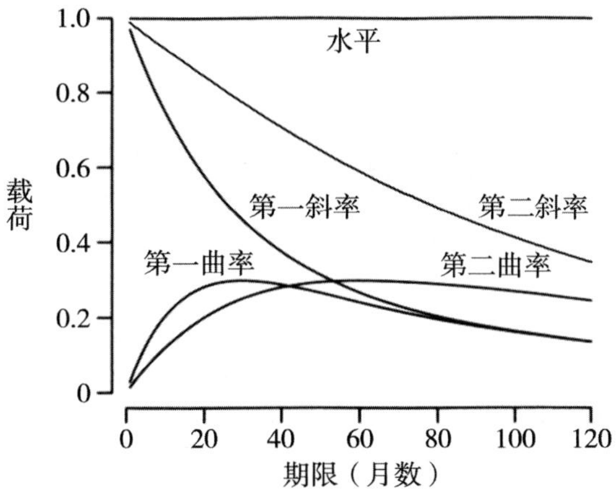


**图 4 - 2　DGNS 的因子载荷**

注：我们用图形将 DGNS 的因子载荷表示为一个期限函数，$\lambda_1 = 0.0609$ 和 $\lambda_2 = 0.0295$。

$$\begin{pmatrix} dX_t^1 \\ dX_t^2 \\ dX_t^3 \\ dX_t^4 \\ dX_t^5 \end{pmatrix} = \begin{pmatrix} 0 & 0 & 0 & 0 & 0 \\ 0 & \lambda_1 & 0 & -\lambda_2 & 0 \\ 0 & 0 & \lambda_2 & 0 & -\lambda_2 \\ 0 & 0 & 0 & \lambda_1 & 0 \\ 0 & 0 & 0 & 0 & \lambda_2 \end{pmatrix} \times \left( \begin{pmatrix} \theta_1^Q \\ \theta_2^Q \\ \theta_3^Q \\ \theta_4^Q \\ \theta_5^Q \end{pmatrix} - \begin{pmatrix} X_t^1 \\ X_t^2 \\ X_t^3 \\ X_t^4 \\ X_t^5 \end{pmatrix} \right) dt + \sum \begin{pmatrix} dw_t^{1,Q} \\ dw_t^{2,Q} \\ dw_t^{3,Q} \\ dw_t^{4,Q} \\ dw_t^{5,Q} \end{pmatrix}$$

其中 $\lambda_1 > \lambda_2 > 0$。那么零息债券价格为

$$\begin{aligned} P(t, T) &= E_t^Q\left(\exp\left(-\int_t^T r_u du\right)\right) \\ &= \exp(B^1(t, T) X_t^1 + B^2(t, T) X_t^2 + B^3(t, T) X_t^3 + B^4(t, T) X_t^4 + B^5(t, T) X_t^5 + C(t, T)) \end{aligned}$$

在这里，$B^1(t, T)$、$B^2(t, T)$、$B^3(t, T)$、$B^4(t, T)$、$B^5(t, T)$ 和 $C(t, T)$ 共同构成了常微分方程组的唯一解：

$$\begin{pmatrix} \frac{dB^1(t, T)}{dt} \\ \frac{dB^2(t, T)}{dt} \\ \frac{dB^3(t, T)}{dt} \\ \frac{dB^4(t, T)}{dt} \\ \frac{dB^5(t, T)}{dt} \end{pmatrix} = \begin{pmatrix} 1 \\ 1 \\ 1 \\ 0 \\ 0 \end{pmatrix} + \begin{pmatrix} 0 & 0 & 0 & 0 & 0 \\ 0 & \lambda_1 & 0 & 0 & 0 \\ 0 & 0 & \lambda_2 & 0 & 0 \\ 0 & -\lambda_1 & 0 & \lambda_1 & 0 \\ 0 & 0 & -\lambda_2 & 0 & \lambda_2 \end{pmatrix} \begin{pmatrix} B^1(t, T) \\ B^2(t, T) \\ B^3(t, T) \\ B^4(t, T) \\ B^5(t, T) \end{pmatrix}$$

和

$$\frac{dC(t, T)}{dt} = -B(t, T)'^Q \theta^Q - \frac{1}{2}\sum_{j=1}^{5}\left(\sum{}' B(t, T) B(t, T)' \sum\right)_{j,j}$$

有关的边界条件 $B^1(T, T) = B^2(T, T) = B^3(T, T) = B^4(T, T) = B^5(T, T) = C(T, T) = 0$。这个常微分方程组的唯一解是

$$B^1(t, T) = -(T - t)$$

$$B^2(t, T) = -\frac{1 - e^{-\lambda_1(T-t)}}{\lambda_1}$$

$$B^3(t,\ T) = -\frac{1-e^{-\lambda_2(T-t)}}{\lambda_2}$$

$$B^4(t,\ T) = (T-t)\,e^{-\lambda_1(T-t)} - \frac{1-e^{-\lambda_1(T-t)}}{\lambda_1}$$

$$B^5(t,\ T) = (T-t)\,e^{-\lambda_2(T-t)} - \frac{1-e^{-\lambda_2(T-t)}}{\lambda_2}$$

和

$$\begin{aligned} C(t,\ T) &= (K^Q\theta^Q)_2\int_t^T B^2(s,\ T)ds \\ &\quad + (K^Q\theta^Q)_3\int_t^T B^3(s,\ T)ds \\ &\quad + (K^Q\theta^Q)_4\int_t^T B^4(s,\ T)ds \\ &\quad + (K^Q\theta^Q)_5\int_t^T B^5(s,\ T)ds \\ &\quad + \frac{1}{2}\sum_{j=1}^{5}\int_t^T\left(\sum{}' B(s,\ T)B(s,\ T)'\sum\right)_{j,\ j}ds \end{aligned}$$

最后，零息票债券的收益率是

$$\begin{aligned} y(t,\ T) &= X_t^1 + \frac{1-e^{-\lambda_1(T-t)}}{\lambda_1(T-t)}X_t^2 + \frac{1-e^{-\lambda_2(T-t)}}{\lambda_2(T-t)}X_t^3 \\ &\quad + \left(\frac{1-e^{-\lambda_1(T-t)}}{\lambda_1(T-t)} - e^{-\lambda_1(T-t)}\right)X_t^4 \\ &\quad + \left(\frac{1-e^{-\lambda_2(T-t)}}{\lambda_2(T-t)} - e^{-\lambda_2(T-t)}\right)X_t^5 - \frac{C(t,\ T)}{T-t} \end{aligned}$$

在类似方法的 AFNS 类型的模型当中，收益率调整期限具有这样的形式①

$$-\frac{C(t,\ T)}{T-t} = -\frac{1}{2}\frac{1}{T-t}\sum_{j=1}^{5}\int_t^T\left(\sum{}'B(s,\ T)B(s,\ T)'\sum\right)_{j,\ j}ds$$

和一个具有最大限度灵活性设定的波动矩阵，这个矩阵在估计时是可以识别的，它被给定为一个三角矩阵

$$\sum = \begin{pmatrix} \sigma_{11} & 0 & 0 & 0 & 0 \\ \sigma_{21} & \sigma_{22} & 0 & 0 & 0 \\ \sigma_{31} & \sigma_{32} & \sigma_{33} & 0 & 0 \\ \sigma_{41} & \sigma_{42} & \sigma_{43} & \sigma_{44} & 0 \\ \sigma_{51} & \sigma_{52} & \sigma_{53} & \sigma_{54} & \sigma_{55} \end{pmatrix}$$

### 4.2.3 探讨

Christensen 等人（2009）不仅发展了 DNSS、DGNS 和 AFGNS 模型，而且对它们进行了经验性研究。De Pooter（2007）则发现了一些有关三个以上因子模型的证据，特别重要的是，他运用四因子模型获得了改进的拟合和预测。Almeida 等人（2009）也提出过四因子模型，并且在一次运用巴西的数据所进行的预测竞争中，认为这种模型优于 Diebold 和

① 在附录C当中，我们提供了AFGNS收益率调整期限的解析公式。就像命题AFNS的例子一样，命题AFGNS对有关状态变量的 $P$ 动力学也一字未提，所以为了识别模型，我们遵循 Christensen 等人(2011a) 的分析，将 $Q$ 测度下均值固定为0，即，$\theta^Q=0$。

Li（2006）的三因子模型。Fontaine 和 Garcia（2008）在自己的模型当中列入了第四个因子，这个因子是用来表明流动性的。

Cochrane 和 Piazzesi（2005）的分析所运用的第四个因子，是一个帐篷形的加权平均远期利率，他们认为这个因子具有较强的预测内容。然而，Wei 和 Wright（2010）的分析则认为，由于他们分析所运用的计量经济学是错误的，所以 Cochrane-Piazzesi 的可预测性断言是值得怀疑的。与此相联系，Duffee（2010）的分析也表明，Cochrane-Piazzesi 的结论意味着存在这样一种交易策略，这种交易策略具有一个很大的、荒谬的夏普比率（Sharpe ratio）。

最近，一些学者的研究已经运用了四个以上的因子：Duffee（2010）和 Joslin 等人（2009）运用了五个因子。人们可以想象出具有更大数量因子的模型，大量的因子有时可能是相关的。然而，非常明显而又极为重要的一点是，就问题的分析来说，低维（比如说，三维）的因子结构通常就足够了。

## 4.3 随机波动

就如大多数资产收益率一样，债券收益率或回报率常常也是呈现出一种时变性波动，或者呈现出条件异方差，同时呈现出相应的肥尾，或者呈现出尖峰和无条件分布。尤其是当收益率是以一个高频率进行测量时，比如说每日，就像通常情况下一样，上述特点就会显得更为突出。

将随机波动整合到过渡或测量冲击之中的必要性或可取性，取决于人们运用模型想来做什么。比如说，就一个相当大的样本点预测来说，随机波动或许可以忽略不计，而这样做的代价只是估计效率的一个小小降低。另外，如果人们的兴趣放在了收益率或收益率因子的间隔或密度预测，那么，随机波动也就成为了人们直接和内在的兴趣，因而也就不能忽略了。

### 4.3.1 DNS 简述

非常有趣的是，在 DNS 的状态空间公式（2.3）~（2.4）当中，随机波动可以通过测量冲击或过渡冲击进入到其中，并且进入的各种不同可能性也已经由不同学者的分析考虑到了。比如说，Koopman 等人（2010a）以及 Laurini 和 Hotta（2010）等学者的分析，他们采用 Harvey 等人（1992）的单因子多变量的 GARCH 模型，允许测量冲击当中存在随机波动。与此不同的是 Hautsch 和 Ou（2008）以及 Hautsch 和 Yang（2010）等学者的分析，他们允许过渡方程之中存在随机波动。他们还发现了过渡冲击之中存在随机波动的强有力证据，特别是对于水平和斜率两者，他们的研究表明，对于这种证据的解释，改善了条件校准的间隔和密度预测。

由于过渡动力学描述了方程组的深层运作特点，所以，我们个人倾向于允许过渡方程中存在随机波动，而且由于收益率因子 $f$ 的维数比通常观测到的向量 $y$ 要低得多，所以这种做法可能也是更容易实现的。然而，我们看到每一种方法所具有的优点——如果一定要说这两种方法中的一种有优势的话——最终也只是一个具体应用当中的经验问题。也许人们不仅可以允许在测量冲击之中存在随机波动，而且也可以允许在过渡冲击之中存在随机波动，尽管可能不得不面对由此产生的识别问题。

非常有趣的是，我们上面所讨论的两种分析模型，也就是“过渡冲击随机波动（transition shock stochastic volatility）”的分析（Hautsch 和 Ou（2008），Hautsch 和 Yang

(2010)）和“测量冲击随机波动（measurement shock stochastic volatility）”的分析（Laurini 和 Hotta（2010）），它们之中的许多还是运用了贝叶斯方式进行的，为了便于对复杂模型的估计和推断，这些模型当中包括了时变参数和随机波动，运用了 Markov-chain Monte Carlo 作为一个强大的计算装置。如此下一步顺理成章的就是对先验信息的介绍，允许在预测的潜在利益方面收缩。

### 4.3.2 AFNS 简述

到目前为止，我们已经重点关注了 DNS 情境当中的随机波动，但是随机波动也可以纳入到 AFNS 的情境中。

现代的无套利收益率曲线建模，它最先是起始于 Vasicek（1977）的单因子模型，然后，由 Langetieg（1980）扩展到了多因子的情况。再后，Duffie 和 Kan（1996）、Dai 和 Singleton（2000）、Duffee（2002）以及 Joslin 等人（2011b）对于这些多因子模型做了意义深远的探讨和扩展。

在 Dai 和 Singleton（2000）（$N$ 收益率因子驱动 $m$ 平方根波动过程）的典型 $A_m$（$N$）表达式当中，波动相应被固定为 $m=0$。这些模型也被称为“高斯的”，因为在缺乏随机波动的情况下，驱动它们的 Brownian 冲击产生了高斯分布。①

从理论上来说，由于高斯模型达到了合理描述的准确性，同时又保持了分析的易处理性，所以这种模型仍然非常受人们的欢迎，而存在于无套利模型当中的随机波动，被广泛地认为提出了一个明显的重大数学挑战。然而，作为一个经验问题，随机波动显然是存在于债券收益率的数据之中的。②

在这种背景下，Christensen 等人（2010a）将随机波动并入到不同的标准 AFNS 模型当中的风险中性收益率因子动力学之中。他们的分析表明，尽管引入了随机波动，但是收益率调整期限仍然保持不变，无论在什么情况下，收益率调整期限都只是依赖于期限，而不是依赖于时间。他们的分析还发现，在遵循 AFNS 结构的情况下，可能存在着五种 $A_m$（3）：两种随机波动纳入到水平或曲率因子当中的 $A_1$（3）AFNS 模型；两种随机波动纳入到水平和曲率因子或者斜率和曲率因子当中的 $A_2$（3）AFNS 模型；一种随机波动纳入到全部三个因子当中的 $A_3$（3）AFNS 模型。

Christensen 等人（2010a）的经验研究结果显示，收益率水平因子是驱动随机波动的最重要因素，但是斜率和曲率因子也是造成波动动力学的原因。因此，人们认为的最丰富模型，也就是 $A_3$（3）AFNS 模型，也是相对说来最为成功的模型。

### 4.3.3 跨越和非跨越波动

尽管从相对的角度来说，$A_3$（3）AFNS 模型是最为成功的，但是，如果从绝对的角度来说，Christensen 等人（2010a）的分析则表明，AFNS 模型的表现依然是不尽如人意的。③ 究其原因还在于它不能与现实发生的波动相匹配，哪怕是粗略的、近似的匹配都不可能。事实上，很长时间以来，在适于 $A_3$（3）AFNS 的随机波动与现实发生的波动之间，两者的相关性较低，在 1991 年以后甚至为负值。

---

① 借用“随机波动”的说法，我们所说的意思包括了各种可能的动态条件异方差模式。就像在 GARCH 家族中的一样，包括了驱动观测的过程；就像在随机波动家族中的一样，包括了驱动参数的过程。详情请参见 Andersen 等人（2010）的 3.2 节。

② 详情请参见 Andersen 等人（2006）的分析。

③ 这样的结果也得到了 Dai 和 Singleton（2002）的呼应，他们也认为，$A_3$（3）模型的约束过于严格，以至于不能抓住随机波动。

在各种各样的无套利情境当中，因子在跨越债券收益率的同时也跨越收益率的波动方面，显然是无能为力的。因子这种能力的缺失已经引起了一些学者的注意，包括 Collin-Dufresne 等人（2008）、Jacobs 和 Karoui（2009）以及 Andersen 和 Benzoni（2010）等。这种“非跨越的随机波动”经常被学者视做一个令人迷惑的难题，然而，在一定程度上，有一点似乎是不大可能的，也就是驱动收益率条件均值的因子，它们也必然要驱动它们的条件方差。[①] 无论在什么情况下，我们对于驱动收益率波动因子的理解，尽管已经做过几次最新的和复杂的尝试，但结果仍然明显地差强人意。这种情形不禁让人想起了许多有关金融资产收益波动建模方面的文献，虽然这些文献运用了一种简化的形式建模，并且在预测方面常常也是成功的，然而，在解释决定波动的基本因素方面，它们往往却是无言以对。[②]

## 4.4 宏观经济基本面

也许令人惊讶的是，尽管收益率与宏观经济之间存在着天然的联系，然而，到目前为止，我们对于收益率曲线的分析，基本上还只是从金融的视角进行的。在这里，我们开始扩大我们的讨论，包括将我们的分析与宏观经济基本面联系起来，分析重点放在了 DNS 方式的建模，这样的建模将收益率曲线方面与宏观经济方面联系起来，从而为下一章的宏观金融经济分析铺平道路。

人们可以只从一个方向考察问题，比如说，人们可以运用收益率曲线来解释或者预测宏观经济变量。在一个 DNS 模型的分析情境当中，“收益率曲线”只是 $L_t$、$S_t$ 和 $C_t$，这样人们可以通过回归 $L_t$、$S_t$ 和 $C_t$，就可以有效地“回归收益率曲线中的变量”。比如说，Nyholm（2007）就是运用整个收益率曲线，提取出水平、斜率和曲率因子，预测经济衰退，从而推动了早期的分析，又比如说，Estrella 和 Mishkin（1998）二人只凭借收益率曲线的斜率来预测实体经济活动。[③]

虽然人们从一个方向考察问题，不仅是非常有趣的，而且是十分重要的，但是，只要更多的动态收益率因子和宏观经济基本面之间存在着交互影响，并且这种交互影响还是切实有效的，那么，这种基于单向考察问题的结果无疑是存在缺陷的。特别重要的是，这些动态的相互影响还可能涉及双向因果关系问题，或者说“反馈（feedback）”。下面我们将简要地概述两步和一步建模方法，这些方法不仅可以用来进行综合的分析，而且还可以用来评估上述所言的交互影响。

### 4.4.1 两步 DNS 方法

在两步 DNS 的收益率建模和预测方法当中，我们首先提取收益率因子的时间序列（步骤一），然后，拟合一个动态的模型，比如说，对那些提取因子的一个向量自回归（步骤二）。通过增强的第二步，反映通货膨胀、实体经济等的候选宏观经济变量的向量自回归，人们马上就能考虑到收益率因子与宏观经济基本面之间的相互作用。[④] 我们将分析的重点放在单一国家的模型，但是在这一分析框架内也会涉及多国

---

① 或者，在抓住随机波动方面，具有三个以上因子的模型也许会更加成功一些。
② 详情请参见 Diebold 和 Yilmaz（2010）的分析。
③ 详情请参见 Bianchi 等人（2009）以及 Chauvet 和 Senyuz（2009）的分析。
④ 运用这种传统的方法进行研究的学者包括了 Cassola 和 Porter（2011），以及 Hoffmaister 等人（2010）。

模型。[1]

假如人们不把收益率因子与一小组宏观经济变量中的每一个联系起来，人们也可以选择将收益率因子与宏观经济因子联系起来，这些宏观经济因子是从一大组宏观经济变量中提取的。在这样一个“大量数据”（Diebold（2003））的，或者“丰富数据”（Bernanke 和 Boivin（2003））的，或者“增强因子（factor-augmented）”（Bernanke 等人（2005））的两个步骤程序当中，首先，人们可以提取收益率因子（水平、斜率、曲率）和宏观经济因子（比如说，广泛的名义经济活动和广泛的实体经济活动），然后，再分析一个联合向量自回归中的所有因子。[2] 事实上，De Pooter 等人（2010）就是这样认为的，当在收益率曲线分析当中引入数据丰富环境中的因子时，宏观经济变量与收益率曲线之间的交互作用是最好的。[3]

特别值得我们注意的是，人们也可以采用一个非常高的频率，将收益率曲线因子与宏观经济因子两者联结起来。事实上，在一个高的频率（比如说，每一天）中，不仅收益率曲线是有效的，而且实际活动中的高频率“实时预报”现在也同样是有效的，这种有效性已经在 Aruoba 等人（2009）、Aruoba 和 Diebold（2010）以及 Aruoba（2011）等学者的分析之中得到体现。

### 4.4.2 一步 DNS 方法

一步方法运用了一个状态空间结构，而且扩大到了包括宏观经济变量的状态向量，这点就像 Diebold 等人（2006b）以及 Joslin 等人（2009）的分析一样。[4] 由此人们可以得到修改后的过渡方程和测量方程

$$(f_t - \mu) = A(f_{t-1} - \mu) + \eta_t$$

$$y_t = \Lambda f_t + \varepsilon_t$$

$$\begin{pmatrix}\eta_t \\ \varepsilon_t\end{pmatrix} \sim WN\left(\begin{pmatrix}0 \\ 0\end{pmatrix}, \begin{pmatrix}Q & 0 \\ 0 & H\end{pmatrix}\right)$$

在上式中，$f_t' = (L_t, S_t, C_t, X_t)$，$X_t$ 表示宏观经济基本面的向量，$A$、$\mu$、$\eta_t$ 的维数视具体情况而增加。[5]

比如说 Diebold 等人（2006b）的分析，就是将通货膨胀、产能利用率（capacity utilization）、联邦基金利率（federal funds rate）等宏观经济变量包括在一个 $X$ 之中。[6] 结果他们发现了一个双向因果关系存在的强有力证据，也就是存在从收益率因子到宏观经济变量和宏观经济变量到收益率因子两个方向的因果关系。除此之外，他们的分析还发现，较强方向的因果关系是从宏观经济到收益率曲线。而与此同时，其他作者则强调了收益率到宏观经济这个方向的因果关系（比如说，Favero 等人（2011）），因此，就总体情况而言，因果方向强度方面所显现出的证据，正反两面的都存在。当然，从根本意义上来说，我们完全没有必要试图宣称一个因果关系方向比另一个因果关系方向要强，实际上两个方向可能都是重要的。

人们还可以转入到一个数据丰富的一步结构。一个首选和简单的方法，是用一个类似

---

① 比如说，Tam 和 Yu（2008）二人对 Diebold 等人（2008）的分析进行了扩展，包括了对宏观经济基本面的分析。

② 宏观经济因子作为前几个主成分，通常是从数据丰富的环境中提取的，就像在 Stock 和 Watson（1999）的分析当中那样。

③ 详情也请参见 Mönch（2008）和 Favero 等人（2011）的分析。

④ 相关早期的工作包括 Carriero 等人（2006）。

⑤ 特别值得注意的是，$\Lambda$ 现在是 $N\times(3+K)$，但最右边的一列 $K$ 只包含零，以便收益率能够依旧只加载在收益率曲线因子之上。这种形式符合这样的一种观点，也就是提取收益率曲线中的信息只需要三个因子。

⑥ 很快，我们就将讨论有关宏观经济变量的选择方面。

的少数宏观经济因子替代 $X$ 当中的少数个别宏观经济指标，这些宏观经济因子是从一个更大组的指标当中提取的。

当然，这个数据丰富的一步估计并不是真正的一步，原因在于它是建立在分别提取的宏观经济因子基础之上的。从原则上来说，人们可以观察到的向量 $y$，不仅包括观测到的债券收益率组，而且也包括所有组的宏观经济指标（潜在的几十个），由此人们就可以提供一个真正的一步分析了。然而，面对如此一个方程组，传统的迭代数值极大似然估计（iterative numerical maximum likelihood estimation）将是无法进行的，但是，Jungbacker 和 Koopman（2008）所运用的方法或许能够让它变得容易处理一些。

### 4.4.3 宏观经济和收益率因子

对于收益率水平、斜率和曲率三个因子与宏观经济基本面之间存在的关系问题，许多学者都将其作为了自己研究工作的重点。虽然要给各种宏观经济基本面同作为水平因子的独特关系贴上标记，或者说同作为斜率因子的独特关系贴上标记，或者说同作为曲率因子的独特关系贴上标记肯定都是不可能的，但是，对于一些特别重要的关系，我们还是需要进行一些专门的讨论。

第一，我们来考虑水平因子。广泛的经济理论已经表明，名义收益率曲线的水平因子应当与预期通货膨胀的程度联系起来。比如说，Koopman 等人（2010b）就认为，在传统的 Kozicki 和 Tinsley（2001）的“移动端点（shifting endpoints）”模型当中，长期通货膨胀的预期驱动着水平因子。毫无疑问，预期的通货膨胀常常与当前的实际通货膨胀相联系。无论在什么情况下，一些同控制通货膨胀相关的措施显然属于宏观经济基本面，而这些宏观经济基本面又是与水平因子相关的。① 因此，在 Diebold 等人（2006b）的分析当中，将通货膨胀纳入到了宏观经济的基本面之中。

第二，我们再来考虑斜率因子。一个同样广泛的经济理论解释表明，尽管真正的原因和因果关系的方向可能是不同的，但是收益曲线的斜率因子应当与实体活动联系起来。一个管道是从收益率到实体经济活动这个方向。例如，当中央银行实行紧缩性的货币政策时，短期利率就会上升，经济衰退往往也就会随之而至。因此，倒挂的收益率曲线（inverted yield curves）可能倾向于出现在经济衰退之前。另一个管道是从预期未来实体经济活动到收益率这个方向。例如，有关短期生产率的利好消息，往往会提高短期利率，由此表明倒挂的收益率曲线也会出现在繁荣之前。

Estrella 和 Mishkin（1998）以及 Stock 和 Watson（2003）等学者提供的证据有利于“政策管道”，而 Kurmann 和 Otrok（2010）等学者提供的证据则是有利于“好新闻管道”。政策和供给冲击的影响可以部分地相互抵消，但是，无论在什么情况下，同当前或预期的实际活动相关的变量显然是影响斜率的基本原因。因此，在 Diebold 等人（2006b）的分析当中，将产能利用率作为宏观经济基本面当中的一种而纳入其中。

第三，我们来考虑曲率因子，这是一个不太重要，但是又有点不太好解释的因子。通过一种凸性的说法，人们可能会猜测曲率因子和水平因子波动之间存在联系。② 事实也的确如此，Litterman 等人（1991）的研究正是沿着这条路线进行的，并且还取得了良好的

---

① 注意到这一点是非常有趣的，也就是伴随着通货膨胀，水平因子是一个 $Q$ 测度下的单位根过程，并且通常发现水平因子在 $P$ 测度下具有高度的持久性。

② 有关一个好的债券凸性的论述，详情请参见 Neftci（2004）的分析。

经验结果。然而，据我们所知，如果运用最新的、非美国的数据的话，那么他们的研究结果也就很难重复出现。①

与此同时，对于分析来说，曲率对收益率曲线的变化影响相对较小，这也许是一种幸运。因为运用通常情况下生成的经济和金融数据，第一个单一因子就可解释收益率变化的大部分，而第二个因子又可解释剩下变化的大部分，最后只留下很小的一部分由第三个因子来解释。从某种意义上讲，这就使得我们对于曲率缺乏理解导致分析结果方面的不幸，比这种缺乏理解本身应该有的不幸要小得多。

曲率因子的作用相对来说是次要的，这不仅表现在 $P$ 测度下，而且也表现在 AFNS 的 $Q$ 测度下。回忆我们之前讲到的风险中性的 AFNS 动力学方程（3.12），为了分析方便，我们将这个方程再写一遍：

$$\begin{pmatrix} dX_t^1 \\ dX_t^2 \\ dX_t^3 \end{pmatrix} = \begin{pmatrix} 0 & 0 & 0 \\ 0 & \lambda & -\lambda \\ 0 & 0 & \lambda \end{pmatrix} \left[ \begin{pmatrix} \theta_1^Q \\ \theta_2^Q \\ \theta_3^Q \end{pmatrix} - \begin{pmatrix} X_t^1 \\ X_t^2 \\ X_t^3 \end{pmatrix} \right] dt + \begin{pmatrix} \sigma_{11} & \sigma_{12} & \sigma_{13} \\ \sigma_{21} & \sigma_{22} & \sigma_{23} \\ \sigma_{31} & \sigma_{32} & \sigma_{33} \end{pmatrix} \begin{pmatrix} dW_t^{1,Q} \\ dW_t^{2,Q} \\ dW_t^{3,Q} \end{pmatrix} \qquad \lambda > 0$$

需要特别注意的是，在 $Q$ 测度下与格兰杰原因的曲率没有关系，曲率的格兰杰原因只是斜率因子。

由于无论是在 $P$ 测度下还是在 $Q$ 测度下，曲率的作用都是有限的，由于理解曲率同宏观经济之间的联系存在局限，所以，当增广 DNS 状态向量时，Diebold 等人（2006b）没有包括推测可能会驱动曲率的宏观经济基本面。

第四，我们再来考虑政策的作用。如果中央银行控制着短期利率，并且如果中期和长期利率又与预期未来的短期利率挂钩的话，那么整个收益率曲线（水平、斜率、曲率）就应当与当前以及预期未来的政策存在着联系。非常有趣的是，我们注意到，宏观经济政策不同于迄今为止我们讨论过的宏观经济基本面，宏观经济基本面只是影响到特定的收益率因子，而宏观经济政策则可能潜在地影响到所有的收益率因子，这种影响取决于人们对于债券市场的看法，取决于人们对于政策的期望。正是基于中央银行控制着短期利率原因的考虑，Diebold 等人（2006b）在他们的债券收益率与宏观经济基本面的分析当中，包括了一个政策变量，也就是联邦基金利率。

### 4.4.4 名义收益率与实际收益率

在即将结束这一章的分析之前，我们希望从一个 DNS/AFNS 的分析视角，强调在名义收益率（nominal yields）和实际收益率（real yields）之间存在的某些方面差异。

我们按照金融文献的分析习惯（这些文献贯穿于本书的自始至终），一直将我们的分析重点放在了名义收益率的上面。名义收益率是根植于观测到的交易工具价格基础之中的，而对于实际收益率的构成，我们需要另外做出一些假设，这些假设不仅包括了通货膨胀预期的形成，而且也包括了承受通货膨胀风险的能力（这种能力可以常常援用费舍尔风险中立（Fisherian risk neutrality））。尽管在计算实际收益率时，我们可能会遇到一些相关的困难，但是，计算实际收益率显然又是非常重要的，这不仅是从一个特定的视角来说——特别是从宏观经济的视角来说，而且在 DNS/AFNS 的情境当中考虑它们也是非常有价值的。对此，我们有如下几个理由。

① 对此，我们的分析都尝试过，充其量就是成败参半。

首先，大致说来，有关名义收益率曲线的 DNS/AFNS 建模，或许能够帮助我们掌握实际收益率的变动情况。假设预期通货膨胀的变动影响名义收益率，并且这种影响只能通过名义收益率曲线的水平因子进行。然后，保持水平因子固定在它的平均值，也就是说，在名义收益率曲线当中，来自时变的斜率和曲率两个因子所引起的变动，也就表示了实际收益率曲线当中的变动。

其次，如果我们可以得到实际收益率或近似的实际收益率，那么就可运用 DNS 或 AFNS 模拟它们。例如，人们可以简单地宣称，与“实际收益率”近似的利率是名义收益率，这种名义收益率低于从指数债券（indexed bonds）中提取的盈亏平衡通货膨胀率（break-even inflation），然后就可以运用 DNS 模拟“实际收益率”。[①] 作为另外一种选择，人们也可以事后建模，而不是运用事前的实际收益率。

最后，AFNS 也可以运用指数债券收益率，采用一种更为复杂的方式提取实际收益率，而无须援用风险中立，这也就是说，AFNS 允许存在通货膨胀风险溢价。在接下来的第 5 章当中，我们将详细地讨论这方面的问题，以及一些其他方面的宏观金融主题，我们现在就开始转向这些方面的讨论。

① 指数债券在许多国家已经运用了一段时间，包括美国在内。

# 第5章

# 宏观金融

本书对于收益率曲线建模的考虑，是建立在合并宏观经济这样一个视角基础之上的，这是一个高屋建瓴般的视角，人们可以把在前面4.4中介绍的一些方法，作为下面将要进行分析的预备，从而为一个更加广泛的探索铺平道路。在这一章当中，我们将朝着这个方向前进，讨论各种基于AFNS的宏观金融收益率曲线方法。

## 5.1 宏观金融收益率曲线建模

在2007—2009年的全球金融危机和经济衰退之中所呈现出来的一个关键性特征，就是实体经济与金融状况之间存在着一种极为密切的反馈关系。在金融危机发生之前，在许多国家出现的信贷和资产价格暴涨的同时，恰好也伴随着消费和生产的强劲增长。同样，在这次经济危机之中，金融环境的不断恶化，由此不仅导致了经济活动的深幅下降，而且经济活动的深幅下降反过来又加剧了金融环境的恶化。除此之外，在宏观经济学和金融经济学之间，由于两个学科长期都存在着隔阂的原因，因此，如果要对实体经济与金融状况之间的密切反馈关系进行建模的话，显然，无论是对于宏观经济学家还是金融经济学家来说，都构成了一个非常大的挑战。在宏观经济学模型当中，整个金融部门往往表现为一个单一的利率变量，而对于信用或者流动性风险、金融中介的作用或者金融摩擦等却没有做出任何的解释。同样，在金融模型当中，关注的重点往往集中在资产价格变化的一致性方面，而极少会考虑各种市场中潜在的宏观经济基本面的影响。为了能够理解最近发生的金融危机的重要特征，以及为了能够理解更为一般的动力学，也就是存在于利率和经济之间相互交织的动力学，将宏观经济学和金融经济学两者结合起来，采用一个宏观金融的综合视角进行分析，看来是非常必要的。

当然，在金融学和宏观经济学之间存在的分析视角差异，部分地反映出两者对于问题的兴趣和探索的途径不同。然而，引人注目的是，在两种研究文献之间，几乎不存在什么相互交流和交叉的研究。在这种研究状况下，至少表明存在着这样一种可能性，也就是分析每个元素相结合所产生的协同效应的可能性。从金融学的角度来看，由于长期收益率在很大程度上是由预期未来短期利率推动的，因此，短期利率就构成了各种各样期限利率的一块基石。从宏观经济学的角度来看，短期利率则是一个非常重要的货币政策工具，由中央银行进行调控，以此实现国民经济稳定的目标。综上所述，从一个结合宏观金融的角度考察，我们可以看出，理解中央银行政策对于基本的宏观经济冲击的调控，应该解释为收益率曲线短端的变动。除此之外，无套利的假设强化了长期和短期利率之间变化的一致性，同样，预期未来宏观经济的变化应该解释为收益率曲线移动得更远。

宏观金融研究的一个关键性环节表现在，运用一个带有宏观经济变量的模型，探讨债券定价对于金融所产生的影响。在债券约定的整个期限内，由于存在着通货膨胀和消费两方面的风险，一个长期名义债券的期限溢价将如何补偿给投资者，这将作为一个理论问题而存在。① 一个重大的金融研究已经发现，这些风险溢价是巨大的，而且非常明显地随着时间的变化而变化，比如说，在 Campbell 和 Shiller（1991）以及 Cochrane 和 Piazzesi（2005）等学者的分析文献中可以见到。然而，Backus 等人（1989）研究却发现，建立在一个养老经济（endowment economy）资产定价模型基础上的标准消费，却不能解释如此大量的和可变的期限溢价。对于能够产生足够大的和可变的名义债券风险溢价来说，一个标准的宏观金融模型基本是无能为力的，这种状况也被称为“债券溢价之谜”（bond premium puzzle）。最近，在解决债券溢价之谜方面，Wachter（2006）、Piazzesi 和 Schneider（2006）以及 Bansal 和 Shaliastovich（2010）等学者通过在一个养老经济内运用已修改的偏好，不仅包括了习惯的重要作用，就像在 Campbell 和 Cochrane（1999）的分析中那样，而且也包括了“递归效用（recursive utility）”，就像在 Epstein 和 Zin（1989）的分析中那样，结果他们获得了一定的成功。

从宏观经济学的角度看，在一个养老经济当中解决债券溢价之谜，其取得的进步仍然不能令人完全满意，原因在于缺乏一套完整的宏观经济结构关系，从而也就排除了对于一些重要问题的研究。因此，基于学者拓展养老经济的兴趣，导致了这样一些模型持续不断的发展，也就是更为充分的、具体的动态随机一般均衡（dynamic stochastic general equilibrium，简称 DSGE）模型。② 然而，非常不幸的是，Rudebusch 和 Swanson（2008）的分析却发现，在债券溢价数据的大小和变化方面，一个标准的 DSGE 模型不能得出重复的结果。不过，Rudebusch 和 Swanson（2012）通过运用 Epstein-Zin 偏好增强标准的 DSGE 模型，在保持基本的宏观经济时刻（例如，消费和通货膨胀标准差）与基本的债券定价时刻（比如说，收益率曲线的斜率和债券超过持有期回报的均值和波动）一致方面，他们获得了较大的成功。然而，尽管 DSGE 模型在以下方面，也就是复制某些债券定价的事实而又不影响其适应宏观经济事实的能力方面，Epstein-Zin 偏好显然是有用的，但是，如果我们依据金融摩擦和金融中介理论进行审视的话，那么 DSGE 模型的金融部分仍然还是处于过于简陋的状况。③

宏观金融研究的第二个环节，是运用宏观经济变量或理论结构形式，将宏观经济纳入到标准的金融仿射无套利期限结构模型（finance affine arbitrage-free term structure model）之中。如前所述，通常的金融模型将短期利率分解到不可观测的因子之中，这些因子被建

---

① 如果债券的价格随债券持有人消费的边际效用变化而变化，那么，即使一种无违约的名义债券也是有风险的。如果在高通货膨胀时期伴随着低产出，那么，正好当投资者对消费的价值评价最高时，一种名义债券也将会贬值，所以它也应具有一个风险溢价。

② 详情请参见 Bekaert 等人（2010）、Hördahll 等人（2008）以及 Gallmeyer 等人（2005）的分析。

③ 非常有趣的、新的 DSGE 模型进展十分显著。一个主要的例子就是 van Binsbergen 等人（2010）在一个非常明确的生产经济中，强调了资本和劳动的内生性。在如此的情境当中，债券收益率必须满足无套利条件，这个条件涉及资本使用者成本，该条件对于可接受的投资、资本和资产价格动力学提出了具有挑战性的约束。其结果是，即使在充分设定的 DSGE 模型当中，经验上非常准确的宏观收益率的相互作用仍然是难以捉摸的，然而，我们现在对此原因也有了更大程度的理解。

模成为自回归时间序列（autoregressive time series），而自回归时间序列与宏观经济变化往往是没有关联的。与此相反，从宏观经济学的角度来看，在一个货币政策反应函数（monetary policy reaction function）的分析情境当中，短期利率是由宏观经济变量决定的。Rudebusch 和 Wu（2008）的模型运用一种宏观金融的框架，调和了这两种观点，这个分析框架具有与宏观经济关系联合估计的期限结构因子。特别值得注意的是，他们的模型将这样两个模型结合起来，一个是仿射无套利期限结构模型，另一个是小型的、新凯恩斯主义理性预期的宏观经济模型（New Keynesian rational expectations macroeconomic model），这种新凯恩斯主义理性预期模型通过货币政策反应函数，将宏观经济基本面与短期利率联系了起来。这种组合的分析框架所依据的宏观经济变量，可以解释为收益率曲线的潜在因子、水平因子被识别为一个普遍认为的通货膨胀目标，斜率因子被识别为一个周期性的货币政策对经济的反应。①

我们可以举一个 Rudebusch-Wu 模型的例子，说明该宏观金融模型用来解决问题的范围，这个模型涉及两个方面的运用。

作为 Rudebusch-Wu 模型的第一个运用，Rudebusch 和 Wu（2007）运用这个模型分析了这样一个问题：在揭示大缓和（Great Moderation）——大约在 1985 年到 2007 年期间，宏观经济波动性下降的时期——这样一个方面，债券市场的风险评估是否已经转变。事实上，他们的研究发现，随着时间推移的期限溢价波动，反映在与水平因子相联系的有条件波动和价格风险的下降之中，模型当中的水平因子与投资者对中央银行的通货膨胀目标相联系。因此，运用宏观金融模型所进行的分析，其获得到的回报是双向的。在宏观经济学方面的贡献，阐明了利率期限结构之中行为转变的性质，特别强调了投资者观点转变的重要性，这种观点与通货膨胀目标相联系的风险有关，而这种通货膨胀目标又是由货币当局制定的。在金融学方面的贡献，表明了不仅仅是好的运气要对疲弱的宏观经济结局负责。与此相反，在经济动力学方面的一个有利的变化，很有可能涉及货币政策环境的一个转变，这可能是大缓和的一个重要因素。

作为 Rudebusch-Wu 模型的第二个运用，Rudebusch 等人（2006）检验了所谓的从 2004 到 2006 年期间低到令人吃惊的长期债券收益率的难题。他们的研究发现，在这个期间，10 年期国债名义收益率异乎寻常地低——大约要比一般情况下低 40 至 50 个基点。然而，尽管他们研究了针对上述难题提出的几种流行解释，但是，通过回归他们模型的各种各样代理的不确定性或波动的残差，对于异乎寻常低水平的长期利率，他们仍然无法做出令人信服的解释。当然，得益于后见之明，债券收益率难题现在似乎是一个更广泛的全球信贷膨胀的一部分，这种信贷膨胀呈现出了这样一个特征，就是低估了多种类型的风险，尤其是对固定收益证券的风险。揭开信贷膨胀的源头——也就是随后发生的信贷泡沫和金融危机的祖先——将成为未来研究的一个重要领域，而在这方面的探索中，宏观金融视角可能是十分有用的。

## 5.2 宏观金融和 AFNS

运用 AFNS 模型也可以完成宏观经济和金融的结合。事实上，AFNS 的因子结构在这

① 相关研究包括 Ang 和 Piazzesi（2003）、Dewachter 和 Lyrio（2006，2008）、Wright（2011）、Joslin 等人（2009）、De Pooter 等人（2010）以及 Hördahll 等人（2006）。

方面提供了一个非常有用的分析框架，可以用来研究各种各样的宏观金融问题，这些问题表现在扩展金融方面仿射无套利模型当中存在的计算困难。

### 5.2.1 通货膨胀预期和风险

在 Christensen 等人（2010c）的分析当中，对于 AFNS 模型的一个应用，他们提供了有关金融市场参与者对于通货膨胀预期的估计，包括了名义债券价格和实际债券价格。虽然名义债券有一个固定的名义本金，但考虑实际债券时，他们直接引入了总体价格通货膨胀。比如说，美国的本金和票息付款。财政部的通货膨胀保值债券（Treasury inflation-protected securities，简称 TIPS）随着居民消费价格指数的变化而变化。在可比较期限的名义收益率和实际收益率之间的差异，被称为盈亏平衡通货膨胀（BEI）率。然而，BEI 率是对通货膨胀预期的一个不完善的度量，因为 BEI 率当中还包括了对于通货膨胀风险的补偿。这也就是说，即使投资者对未来通货膨胀水平的预期保持不变，但是如果未来通货膨胀的不确定性上升了，或者如果投资者对于这种不确定性的存在要求获得一个更大的补偿，那么 BEI 率也可能会相应地上升。将 BEI 率合适地分解为通货膨胀预期和通货膨胀风险溢价两个部分，市场参与者、研究者以及中央银行的专家对此抱有浓厚的兴趣。

将 BEI 率分解为通货膨胀预期和通货膨胀风险溢价两部分，这种分解取决于通货膨胀和投资者没有观测到的随机贴现因子之间所存在的相关性。进行这种分解需要运用一个模型，Christensen 等人（2010c）采用了一个仿射无套利的四因子 AFNS 模型，用于满足这种分解需要的分析。在一个一致的分析框架内，这个模型将收益率曲线动力学和投资者风险溢价联系了起来，这个框架可以产生随着时间推移的风险中性和收益率曲线的现实世界表达式。用 $M_t^N$ 和 $M_t^R$ 分别表示名义和实际随机贴现因子。在时间 $\tau$ 支付 1 美元的名义债券价格，以及在时间 $\tau$ 支付 1 个单位消费篮子的实际债券价格，两者可以分别写为

$$P_t^N(\tau)=E_t^P\left[\frac{M_{t+\tau}^N}{M_t^N}\right],\ P_t^R(\tau)=E_t^P\left[\frac{M_{t+\tau}^R}{M_t^R}\right]$$

无套利的条件要求在名义债券价格和实际债券价格之间保持一致性，这样一篮子消费的价格——表示为价格总水平的 $Q_t$——是随机贴现因子之比

$$Q_t=\frac{M_t^R}{M_t^N}$$

在时间 $t$，期限 $\tau$ 的名义零息票收益率和实际零息票收益率之间的关系，可以表示为 $y_t^N(\tau)$ 和 $y_t^R(\tau)$，由此可以推导出预期通货膨胀为

$$y_t^N(\tau)=y_t^R(\tau)+\pi_t^e(\tau)+\phi_t(\tau)$$

这里，在时间 $t$ 内，预期从 $t$ 到 $t+\tau$ 时期的市场隐含通货膨胀率为

$$\begin{aligned}\pi_t^e(\tau)&=-\frac{1}{\tau}\ln E_t^P\left[\frac{Q_t}{Q_{t+\tau}}\right]\\&=-\frac{1}{\tau}\ln E_t^P\left[\exp\left(-\int_t^{t+\tau}(r_s^N-r_s^R)ds\right)\right]\end{aligned}$$

在上式当中，$r_t^N$ 和 $r_t^R$ 是名义瞬时无风险利率和实际瞬时无风险利率。对于相应的通货膨胀风险溢价，我们可以表示为

$$\phi_t(\tau) = -\frac{1}{\tau}\ln\left(1+\frac{\mathrm{cov}_t^P[M_{t+\tau}^R / M_t^R, Q_t / Q_{t+\tau}]}{E_t^P[M_{t+\tau}^R/M_t^R] \times E_t^P[Q_t/Q_{t+\tau}]}\right)$$

然后，我们可以运用一个四因子的 AFNS 表达式，对名义收益率和实际收益率进行建模。前三个因子对应于名义收益率的水平、斜率、曲率因子，这些因子通常是能够观察到的，它们分别可以表示为 $L_t^N$、$S_t$ 和 $C_t$。第四个因子可以表示为 $L_t^R$，它对应于实际收益率的水平因子。因此，状态向量可以定义为 $X_t=(L_t^N, S_t, C_t, L_t^R)$。名义瞬时无风险利率和实际瞬时无风险利率可以设定为

$$r_t^N = L_t^N + S_t,\ r_t^R = L_t^R + \alpha^R S_t$$

这里，对共同斜率因子的实际收益率的差分缩放由参数 $\alpha^R$ 表示。在这个分析框架内，名义美国国债零息债券收益率可以表示为

$$y_t^N(\tau) = L_t^N + \left(\frac{1-e^{-\lambda\tau}}{\lambda\tau}\right)S_t + \left(\frac{1-e^{-\lambda\tau}}{\lambda\tau} - e^{-\lambda\tau}\right)C_t + \frac{A^N(\tau)}{\tau}$$

其中 $A^N(\tau)/\tau$ 是一个名义收益率调整期限。实际 TIPS 零息债券收益率为

$$y_t^R(\tau) = L_t^R + \alpha^R\left(\frac{1-e^{-\lambda\tau}}{\lambda\tau}\right)S_t + \alpha^R\left(\frac{1-e^{-\lambda\tau}}{\lambda\tau} - e^{-\lambda\tau}\right)C_t + \frac{A^R(\tau)}{\tau}$$

其中 $A^R(\tau)/\tau$ 是一个实际收益率调整期限。当这两个方程运用状态空间形式结合起来时，它们构成了一个卡尔曼滤波估计内的测量方程。

一个完整的模型还需要设定价格风险，这种价格风险决定了在风险中性和现实世界收益率动力学之间的关系。名义随机贴现因子和实际随机贴现因子给出标准动力学 $dM_t^N / M_t^N = -r_t^N dt - \Gamma_t'^{P_t}$ 和 $dM_t^R / M_t^R = -r_t^R dt - \Gamma_t'^{P_t}$。运用由 Duffee（2002）引入的基本仿射风险溢价设定，风险溢价 $\Gamma_t$ 可以定义为测量变化

$$dW_t^Q = dW_t^P + \Gamma_t dt$$

其中，$\Gamma_t = \gamma^0 + \gamma^1 X_t$，$\gamma^0 \in R^4$ 和 $\gamma^1 \in R^{4\times4}$，这里，$W_t^P$ 是一个 Brownian 运动过程。因此，状态变量的现实世界动力学可表示为

$$dX_t = K^P(\theta^P - X_t)dt + \sum dW_t^P$$

在一个不受约束的情况下，$K^P$ 和 $\theta^P$ 被允许自由变化，但 Christensen 等人（2010c）的一份详细的经验分析，证明了对于 $K^P$ 矩阵各种各样的零值限制。他们的估计使用了两种债券的收益率：一种是名义的美国国债零息债券收益率，期限分别为 3 个月和 6 个月，以及 1、2、3、5、7、10 年；一种是实际的 TIPS 债券收益率，期限分别为 5、6、7、8、9、10 年。①

一个结合了四因子的无套利模型，它不仅适合于名义收益率曲线的分析，而且也非常适合于实际收益率曲线的分析。图 5-1 显示了 5～10 年的名义零息票收益率和实际零息票收益率及其它们之间的差异——这也就是所谓的相关观测到的 BEI 率，自 2004 年以来，BEI 率在平衡方面没有多大改变。图 5-1 还将这些观测到的 BEI 率当成可比较的期限模型表明的 BEI 率，运用这些观测到的 BEI 率可以计算出这样一些差异，也就是在估计的联合 AFNS 模型当中拟合的名义收益率和实际收益率之间的差异。在观测到的 BEI 率和模型表明的 BEI 率之间的微小差异，反映出该模型的总体拟合效果良好。

---

① 美国财政部于 1997 年首次发行 TIPS。但是数年之后，由于少量的未偿还证券和对于财政部承诺项目的不确定性原因，二级 TIPS 市场的流动性受到损害。为了在早期就能够控制这个市场的流动性不足，2003 年开始了 TIPS 收益率的估计样本。

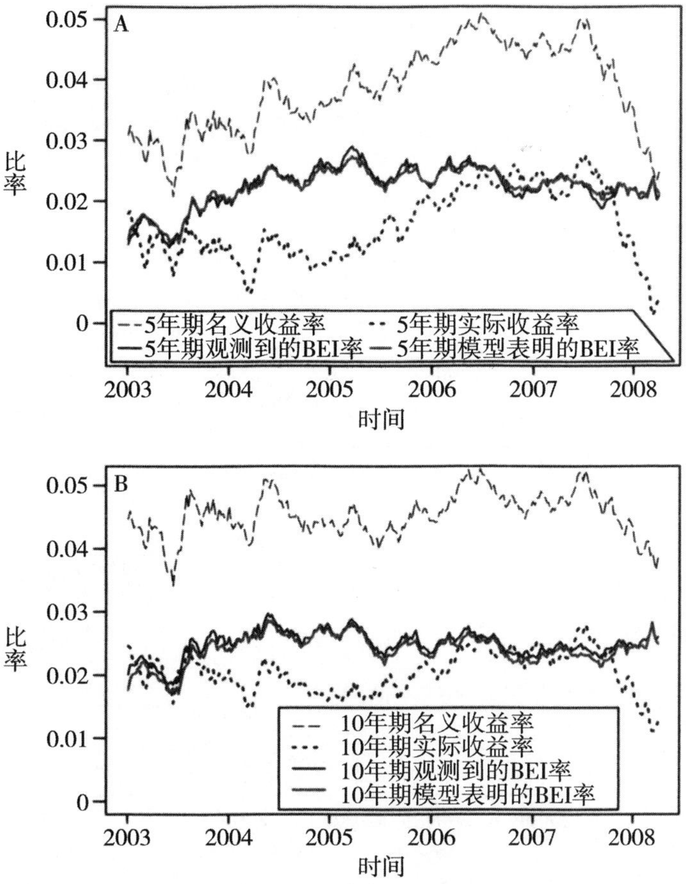


**图 5-1　名义收益率、实际收益率和 BEI 率**

注：我们绘制了美国的名义零息国债收益率和实际零息国债收益率与相关的 BEI 率，并且表明 BEI 率来自于联合的 AFNS 模型。A：5 年期。B：10 年期。

这种联合的 AFNS 模型还可以将 BEI 率分解成为各种不同期间的通货膨胀预期和通货膨胀风险溢价。鉴于估计的模型参数和四个状态变量的估计路径，在图 5-2 当中，联合的 AFNS 模型之中表明的平均 5 ~ 10 年的预期通货膨胀系列得到说明。对于通货膨胀预期的模型估计，其生成只运用了名义收益率和实际收益率，没有任何关于通货膨胀或者通货膨胀预期的数据。为了能够提供一些具有准确性的独立指示，图 5-2 还绘制了建立在调查基础之上的预期 CPI 通货膨胀度量，这些通货膨胀度量的获得来自于两个方面，一个是在 5 年期间的蓝筹共识调查（the Blue Chip Consensus survey），一个是在 10 年期间的专业预测人士的调查（the Survey of Professional Forecasters）。在模型之中表明的通货膨胀和基于调查的通货膨胀预期两者之间是一个相当接近的比赛，由此为 BEI 率的模型分解提供了进一步支持。

除了可以进行点预测（point forecasts）之外，这种模型也可以用来计算未来通货膨胀结果的整个概率分布。比如说，在最近的几年当中，世界各地的通货膨胀率已经下降到了一个较低的水平，与此同时，负通货膨胀的风险——通货紧缩——已经成为了一些国家中

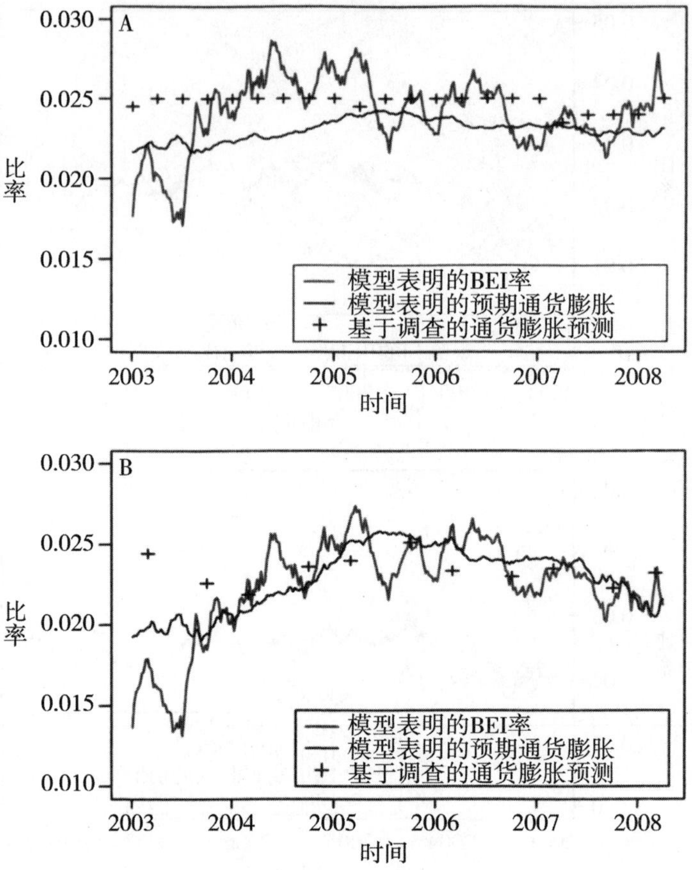


**图 5-2 BEI 率和通货膨胀预期**

注：我们绘制了三个有关通货膨胀度量的走势，BEI 率、来自于联合的 AFNS 模型表明的平均预期通货膨胀率、建立在调查基础之上的通货膨胀预期度量。A：5 年期。B：10 年期。

央银行的一个经常性关注。①

Christensen 等人（2011b）运用上述模型构建了关于通货紧缩事件的概率预测。图 5-3显示了引起通货紧缩的一年概率估计。除了两个显著的通货紧缩恐慌发生之外，估计的通货紧缩概率通常是零。第一次通货紧缩恐慌的发生，是在 2001 年的经济衰退之后。在这期间，美国联邦储备委员会的政策制定者第一次表示出担心，担心通货膨胀率可能会下降得太低。第二次通货紧缩恐慌的发生，是在 2008 年 9 月 15 日雷曼兄弟破产后不久，时间一直持续到 2010 年 4 月。在模型拟合中，这次恐慌的发生是以一年通货紧缩的概率急剧飙升为标志，时间是在 2008 年 10 月末至 11 月初。② 在应对一个非常严重的、快速的经济崩溃的担忧中，美联储制定了各种常规和非常规的货币政策和改善流动性的措施。这些政策和措施可能有助于降低在 2009 年第一季度通货紧缩的概率。

① 如果通货紧缩意味着一些特殊的机制作用的话，并且这些机制还有着它们自己独特的动力学或者社会成本，那么，超越通货膨胀的点预测，以及考虑一个通货紧缩事件发生的概率预测，这些将是特别有用的。类似的论点早已激发学者（例如，Diebold 和 Rudebusch（1989））对于这样一个问题的广泛关注，也就是对于经济衰退概率的预测。

② 在雷曼破产之后，通货紧缩的概率立即变得非常之高，这反映出人们对于一个全球性的宏观经济灾难的普遍担心，但是，在金融危机期间，它们也可能由于市场流动性不足而加剧。然而，受损害的流动性似乎只持续了几个月。

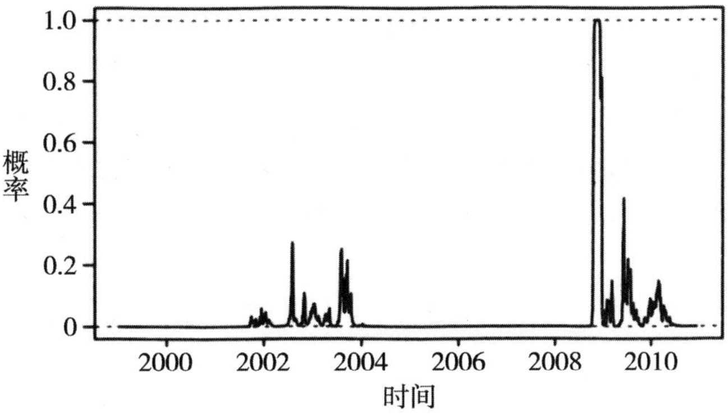


**图 5-3　非正的净通货膨胀概率**

注：我们显示了非正的净通货膨胀（或者称之为通货紧缩），在即将到来的一年作为估计的整个样本期间。

### 5.2.2　流动性及银行间拆借利率

关于 AFNS 模型的第二个宏观金融应用，是由 Christensen 等人（2009）的分析所提供的，他们探讨了中央银行拥有的新的流动性工具（liquidity facility）所具有的效果，这些新的流动性工具在金融危机期间曾被尝试性地加以运用。2007 年 8 月初，在美国抵押贷款支持证券和其他形式的结构性信贷的价格和信用评级下降期间，国际货币市场感受到了严重的压力。相对于具有可比较期限的政府债券收益率来说，银行间市场的短期资金利率大幅上涨。例如，同 3 个月期限的美国国债收益率相比，3 个月期限的美元伦敦银行同业拆借利率（LIBOR）出现了跳跃性上升，从 2007 年前 7 个月期间只高出 20 个基点，上升到 2007 年最后 5 个月期间的 110 个基点以上。这个扩大了的利差异乎寻常地一直持续到了 2009 年。

LIBOR 作为一种参考利率，被广泛地运用于金融工具之中，包括衍生工具合约、浮动利率住房抵押贷款、公司票据等，因此，如果它们出现异乎寻常高水平的话，那么很可能就会造成非常广泛的、不利的金融和宏观经济影响。为了限制这些不利的影响，在世界各地的中央银行都建立起了一套不寻常的借贷工具，尤其是期限为几个月以上的借贷工具，希望借助这些借贷工具提高金融市场的流动性，缓解短期银行同业拆借资金市场的紧张状况。具体来说，2007 年 12 月 12 日，加拿大银行、英格兰银行、欧洲中央银行（ECB）、美联储和瑞士国家银行共同宣布了一套措施，目的在于解决短期资金市场压力升高的问题。美联储还宣布了一项新的定期拍卖工具（TAF），为存款机构提供短期资金来源。

Christensen 等人（2009）评估了这些不寻常的中央银行流动性工具的运用对于同业拆借市场有着怎样的影响，特别是对于短期 LIBOR 利差超过美国国债收益率的影响。从理论上讲，中央银行可以通过多种渠道来提供流动性，进而降低银行间债券的流动性溢价（liquidity premium）。从供给方面看，对于随着时间推移而银行自己又不可预见的流动性需要，那些能够在较大程度上保证满足这种流动性需要的银行，它们应该更愿意延长对其他银行的贷款期限。除此之外，债权人也应该更愿意向那些可以很容易地、很可靠地获得资金的银行提供资金，因为它们更能够保证及时还款。从需求方面看，有了中央银行的流动性支持，银行也必然不大愿意从其他银行获得贷款，以便满足自己对于流动资金的任何谨慎性需求，因为仅仅借助于中央银行的流动性支持，这些银行对于随着时间推移而出现的未来特殊流动性需求就可以得到满足。然而，评估这些途径的相对重要性是非常困难的。除此之外，判断中央银行的流动性工具在降低流动性溢价方面的效率，也是不容易的，因为 LIBOR 适于无担保的银行贷款，所以这种利率包括了由于借款银行存在违约的可能性所致的信用风险溢价（credit risk premium）。在金融危机期间，升高了的 LIBOR 利差可能不仅反映出了较高的信用风险，而且也反映出了流动性溢价，因此，为了评估最近中央银行流动性工具超乎寻常的影响，还必须控制银行在信用风险方面的波动。

为了分析中央银行的流动性工具在减少同业拆借压力方面的有效性，Christensen 等人（2009）估计了一个关于美国国债收益率的仿射无套利期限结构的表示式、有关金融机构发行的债券收益率和短期 LIBOR 的数据。他们运用的是从 1995 年到 2008 年中期每周的数据。作为他们的研究成果，一个六因子的 AFNS 表达式提供了一个无套利的联合定价机制，这个定价机制是关于美国国债收益率、金融企业债券收益率和 LIBOR 的。在六个因子当中，三个因子用来说明美国的国债收益率，两个因子用来说明银行债务风险动力学，还有一个因子专门用来说明 LIBOR。这种结构可以将 LIBOR 中的变动分解为两种变化，一种为银行债券风险溢价的变化，一种为一个因子的变化，这个因子针对包括了流动性溢价的银行同业拆借市场。对于有关中央银行采用流动性工具的情况，这种分析结构还允许进行假设检验和反事实分析（counterfactual analysis）。

模型的分析结论支持了这样一种观点，设立于 2007 年 12 月的中央银行流动性工具，它们有助于维持较低的 LIBOR。具体来说，在运用了流动性工具之后，控制模型当中短期 LIBOR 因子的参数发生了变化。不变参数的假设受到压倒性否决，由此表明，这个因子的反应和伦敦银行同业拆借市场由此发生的反应，直接受到中央银行运用新的流动性工具的影响。为了量化分析在银行间市场采用流动性工具的影响，Christensen 等人（2009）进行了一个反事实分析，也就是假设如果没有采用流动性工具的情形下会发生什么。全样本模型——没有体制转换的——对于 3 个月 LIBOR 产生了实际的和反事实的路径。反事实路径表明了利差可能是什么，如果就美国金融公司来说，在美国国债和公司债券市场当中，根据当时的条件，利差已经得到定价。

图 5-4 说明了反事实路径的影响，它是关于自 2007 年年初以来的 3 个月 LIBOR 利差超过 3 个月美国国债的影响。需要注意的是，在模型之中表明的 3 个月 LIBOR 利差，在此期间是接近所观察到的利差的。从金融危机开始的导火索——2007 年 8 月 9 日由法国巴黎银行公告，直到 2007 年 12 月中旬新的定期拍卖工具 TAF 的采用和联合中央银行互换公告，所观察到的 LIBOR 比反事实利率平均要高出 8 个基点。然而，到了 2007 年年底，在两者之间又产生了一个显著的楔形。作为 2008 年 7 月 25 日的样本尾部，反事实的利差和观察到的 3 个月期 LIBOR 利差之间的差异是 82 个基点。因此，这一分析表明，在中央银行没有运用新的流动性工具的情况下，3 个月期的 LIBOR 会更高一些。因此，2007 年 12 月 12 日，中央银行运用流动性工具消息的公布，可能以一种预期的方式影响到了银行同业拆借市场，这也就是说，中央银行增加对银行流动性的拨备，相对于没有采取这些行动的地方来说，确实降低了 LIBOR。

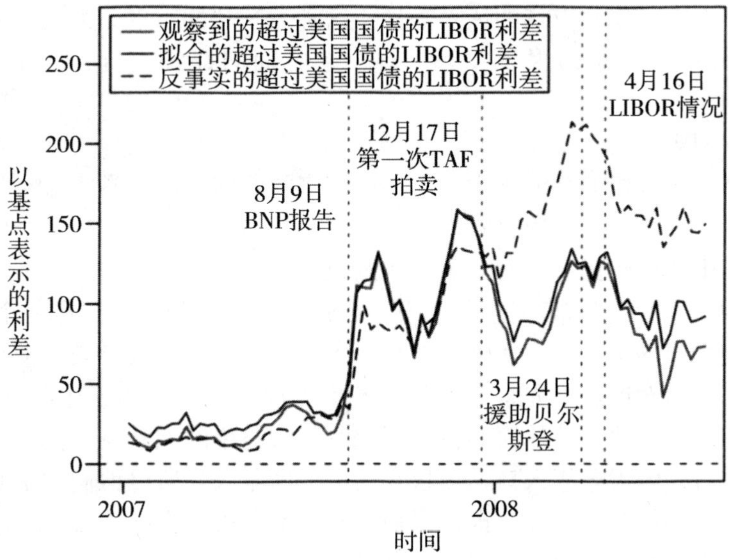


**图 5-4　LIBOR 利差**

注：我们显示了观察到的和拟合的超过 3 个月美国国债的 3 个月 LIBOR 利差，采用的是一个六因子模型和一个基于利差的反事实模型，同时，LIBOR 特异性因子固定在其 2007 年 12 月 14 日之前的历史平均水平。

## 5.3　进一步发展的研究方向

目前，有关宏观金融期限结构（macro-finance term structure）方面的研究还只是处于一个起步阶段，还有许多重要的问题有待学者们来回答，然而，这项研究的重要性已经被最近的金融动荡和经济衰退凸显了出来。最近发生的这些事件，部分地是由一个“固定收益危机（fixed-income crisis）”所引起，这种“固定收益危机”涉及各种各样期限的名义债券和风险特性，由此也表明，对于债券定价和风险溢价等问题，如果我们能够从宏观金融的角度有一个更好的理解，那么则可能有助于阐明这些事件发生的原因。然而，在我们这里所调查的研究文献当中，许多是出现在最近发生的危机事件之前，为了对相关的宏观金融联系能有一个更好的理解，对一个范围更加广泛的研究议程来说，这些研究文献只能形成这种研究基础的一个部分。事实上，在最近的金融危机之后，对于各种各样新出现的问题，对于存有疑问的问题，对于现实当中暴露出来的问题，学者的研究已经有了新的紧迫性。

### 5.3.1　非跨越的宏观经济风险

在学者们早期的经典性工作当中，例如，Ang 和 Piazzesi（2003）的分析，往往持有这样一个假设，也就是债券收益率跨越宏观经济风险。但是正如国债收益率可能不会跨越随机波动一样，它们也可能无法跨越决定期限溢价的全部宏观经济风险。以 DNS 形式表示的收益率曲线模型，它的实际意义在于，将宏观经济变量简单地作为三个收益率因子的决定因素，如此可能不会影响收益率，但情况恰恰相反，这些宏观经济变量可能会对收益率有额外的直接影响。因此，在 Ludvigson 和 Ng（2009）重要工作的基础之上，学者们的注意力开始转向非跨越的宏观经济风险。Joslin 等人（2010）运用 Diebold 等人（2006b）

的无套利版本，探索了债券市场的风险溢价，这种无套利的版本允许收益率因子和宏观经济变量之间存在一个双向的因果关系。有关这方面的详细情况，也请参见 Cieslak 和 Pavola（2011）的分析。

### 5.3.2 零下限

在最近全球金融危机的余波当中，有一些国家的短期政府债券收益率基本上下跌到了它们的零下限。伴随着许多国家将它们的通货膨胀相当好地控制在了一个较低的水平，名义收益率的零下限就可能比过去有着更多的约束。

非常有趣的是，一个非常不同的力量——全球人口的老龄化，在一个可以预见的将来，它也可以使全球的实际利率接近零下限。事实上，有两个人口渠道推动着全球实际利率朝着零下限的方向发展。首先，从实际收益率方面来看，作为一个新兴突起的 40～50 岁群体，他们正在积极地为退休而储蓄，因此实际收益率的上升就会受到抑制。其次，从通货膨胀方面来看，因为老年人口是债权人而不是债务人，所以他们对于通货膨胀有着较大的厌恶，对于保持低的通货膨胀提供了强大的政治压力。实际收益率效应和通货膨胀效应共同促成了名义收益率处于一个较低的水平。

由于零下限新的相关性出现，最近的一些研究已经开始探索这样一个问题，也就是在这种新的环境之中，各种可以加以运用的货币政策工具的有效性问题，就如 Hamilton 和 Wu（2010a）的研究那样。然而，非常不幸的是，在有关收益率曲线的文献当中，零下限问题很少受到关注。在未来，确保非负名义收益率的无套利模型的运用将会是非常重要的。一条向前发展的道路涉及非仿射模型（nonaffine model），正如二次高斯模型（quadratic-Gaussian model）和 Ahn 等人（2002）以及 Gourieroux 和 Sufana（2003）的二次 Wishart 期限结构模型（quadratic-Wishart term-structure model）。Kim 和 Singleton（2010）走的是非仿射道路，认为仿射和非负仿射模型（nonnegative affine model）不能非常好地拟合接近零下限的情境，与此相反，他们情愿采用非仿射模型，比如说二次高斯模型。有趣的是，他们的研究发现："实现良好拟合的关键是状态变量相关（非对角线反馈矩阵），以及短期利率方程中有一个状态变量具有零载荷。"相关因子的 AFNS 模型恰恰具有这种分析结构，尽管 AFNS 模型具有仿射的性质，显然这使得模型接近零下限受到很大的限制。

另外一条向前发展的道路涉及更为复杂的仿射模型。一种可能是运用仿射的但非高斯模型，比如说，通过非负平方根过程的驱动，这种运用就像 Cox 等人（1985）的分析那样。[①] 另外一种非常具有吸引力的可能，涉及运用其他传统的仿射高斯模型，不过这个模型施加了零下限。例如，Krippner（2011a）明确地施加了零下限，通过将实物货币表示为债券看涨期权。这种方法使得 AFNS 模型更具一般性，从而有利于零下限的施加，与此同时，又能够保持 AFNS 模型的不变和自身具有的易处理性。作为另外一种选择，但仍然属于仿射高斯分析框架以内的，是 Christensen 等人（2012）的分析，他们引入了第四个因子到 AFNS 模型之中，当收益率接近零下限时，这个因子可以有效地表示短期到期收益率的变化。

① 详情请参见 Collin-Dufresne 等人（2008）和 Gabaix（2007）的分析。

### 5.3.3 债券供给和风险溢价

对于最近发生的金融危机，我们需要强调的第二个宏观金融问题，就是债券供给和风险溢价之间的联系。在一个标准的资产定价模型当中，长期债券供给的变化不会影响到债券价格的变化。特别是在一个无异质性或摩擦的定价模型中，债券溢价是由债券的风险特征和投资者的风险厌恶情绪决定的，而这两者都不受债券供给的影响。换句话说，在标准的一般均衡模型当中，债券供给的变化不会改变总体的风险。相反，它们只是重新分配总体的风险，由此导致了“在公共财政方面的莫迪利安尼-米勒定理（Modigliani-Miller theorem）”的出现，就像 Wallace（1981）、Eggertsson 和 Woodford（2003）以及许多其他学者的分析中所强调的一样。

显然，在最近发生的金融危机的经验现实与“无供给效应（no supply effects）”的理论基准之间，两者形成了鲜明的对比。由于短期政策利率（short-term policy rate）已经达到了有效的下限，因此，各国中央银行都试图采取各种非常规的资产负债表行动，以便能够降低长期收益率。值得注意的是，英格兰银行以及美国联邦储备委员会都购买了大量的较长期债务证券，以便能够压低长期利率，进而支持经济增长。一些学者运用不同的方法进行了研究，结果表明，在降低收益率的水平方面，也就是低于收益率在没有控制的水平方面，美国联邦储备委员的国债购买是有效的。①

然而，对于影响长期国债收益率下降的基本机制，目前仍然还是一个悬而未决的问题。基于对长期收益率的一般分解，中央银行的债券购买计划可能会影响到两个要素：期限溢价和平均预期的未来短期收益率。

首先，我们考虑期限溢价要素。期限溢价可能会出现下降，这是因为中央银行购买证券可以降低私营部门投资组合中的较长期债券总量和期限风险，在私营部门的投资组合当中，这就是通常所说的投资组合平衡渠道（portfolio balance channel）。直观地说，在这个渠道当中，通过减少长期债券的供给，中央银行已发行证券的平均到期期限就会相应缩短，从而可以降低总体的期限风险。然后，人们可能就会预期与这个期限风险相关的风险或期限溢价也将降低。

Vayanos 和 Vila（2009）以及 Hamilton 和 Wu（2010a）已经描述了投资组合平衡渠道的理论基础。对于一个无摩擦的一般均衡模型，关键之处在于，不同期限的债券相互之间属于不完全替代品，个中原因在于，一些首选栖息地的投资者对债券期限有着自己特定的需求。在这样一个具有市场细分特点的模型当中，未偿还债务的期限结构影响着期限风险的价格，因此也会影响到风险溢价。

另外，现在我们来考虑平均预期未来短期收益率。中央银行的债券购买可能会导致市场参与者下调他们的预期未来短期利率，例如，延长接近于零的联邦基金利率目标的预期时间。这样一个信号渠道（signaling channel）将通过降低长期利率风险中性的成分来降低收益率，这个信号渠道特别值得我们注意。

目前，有一个问题我们仍然还不十分清楚，也就是随着中央银行的购买，预期和期限溢价成分的相对重要性会下降，债券收益率也会随之下降。Gagnon 等人（2011）检验了这个问题，并由此得出结论：“利率的下降主要反映的是较低的风险溢价……而不是对未

---

① 详情请参见 D'Amico 和 King（2010）、Gagnon 等人（2011）以及 Hamilton 和 Wu（2010a）的分析。

来短期利率的较低预期。”他们采用的是传统的经验动态利率期限结构模型（dynamic term structure model），该模型将长期利率分解为风险中性利率和一个期限溢价，然后，运用一个事件分析法（event study）分析，他们认为，利率和期限溢价的累积变化是围绕着重要的公告日期，这些公告日期与资产收购公告有关。作为一个稳健性运用，Bauer 和 Rudebusch（2011）以及 Christensen 和 Rudebusch（2012）重新检验了这个问题，结果他们发现，相比之下，信号渠道也是一个重要的影响途径。因此，从一个宏观金融的角度来看，关于理解债券潜在供给影响债券收益率的问题，仍然是一个有待进一步研究的重要课题。

# 第6章

# 结语

就像在这本书之中我们曾经做过的那样，在本章之中，我们也将首先简单地回顾一下收益率曲线建模方面的历史，这种历史回顾融合了旧学者和新学者所做的分析。特别重要的是，就收益率曲线建模的方法来说，我们概述和比较了我们称之为“传统”与“现代”的两种方法，以便能够提高我们对于下面两个问题的认识：DNS/AFNS 模型适用于何处，以及如何适用。

在金融市场形成的早期，由于债券市场的存在寥寥无几，因此，关于债券收益率期限结构方面的研究相应地也处于一个沉睡阶段。然而，随着金融市场的发展，随着经济理论和度量技术的进步，现今，有关收益率曲线的问题已经成为了资产配置、资产定价以及风险管理的核心。

学者最早的工作有效地假设了模型具有的完美先见之明，这点就如 Bohm-Bawerk（1889）的分析那样。在这项工作的基础之上，两次世界大战期间的早期期限结构模型的构建，通常考虑到了风险因素的存在，但是却又假设承担风险是中性的，就如 Fisher（1930）和 Keynes（1936）的分析那样，早期期限结构模型的最终体现是 Hicks（1946）的经典预期理论（expectations theory）。Hicks 的这种最基本理论，有时也被称为“传统的预期理论”，该理论声称，当前的远期利率等于预期未来的即期利率，在这种情况下，目前的长期利率是预期未来即期利率的简单平均。

传统预期理论的一个直接的含义就是，如果即期利率预期保持不变的话，那么收益率曲线将会呈现出水平形状。[①] 这就与观察到的平均收益率曲线向上倾斜产生了不一致，这也引导我们注意“期限溢价”存在的可能性，期限溢价将远期利率与预期未来即期利率分离开来。传统预期理论产生的第一个变异，是 Hicks（1946）的“流动性偏好理论（liquidity preference theory）”。Hicks 假定，贷款人往往更喜欢一个短的期限，以便自己能够避免与持有长期债券相关的风险，而借款人则常常更喜欢一个长的期限，如此可以锁定自己的财务成本。因此，贷款人就需要从借款人那里得到长期溢价，从而产生了一个向上的平均收益率曲线。

---

① 这种情况是会发生的，例如，如果即期利率是一个鞅，预期形成又是合理的，在这种情况下，最佳的即期利率预测在所有的期间中都是“没有改变”。

不久之后，与平均收益率曲线更加近似的收益率曲线随之而来，这条曲线就是时变条件收益率曲线（time-varying conditional yield curves）。[①] 在 Modigliani 和 Sutch（1967）的“首选栖息地”或“市场细分”理论当中，不同的代理商更愿意在收益率曲线的不同区域借入或借出。根据在各种首选栖息地的代理分布，可以有多种不同形状的收益率曲线，而不是只有向上倾斜的曲线。除此之外，由首选栖息地所产生的“斜率因子”，它会随着时间的变化而变化，因为各种首选栖息地的代理分布会随着时间变化而变化，比如说，随着收益率水平和/或预期商业条件的变化，就像 Meiselman（1962）、Kessel（1965）、Van Horne（1965）以及 Nelson（1972）等人的分析一样。[②] 在这个分析传统当中，也许最值得注意的一点是，Nelson（1972）运用时间序列模型确定的预期即期利率，从目前的远期利率当中减去预期即期利率，由此我们就可以获得期限溢价，然后，再依据商业条件指标预计期限溢价。

“传统”文献对于动态收益率曲线演变的关注，非常多地保持在“现代”文献之中，从许多方面来说，“现代”文献开始于 Vasicek（1977）的分析，在随后所做出的经典性贡献中，得到了 Duffie 和 Kan（1996）、Dai 和 Singleton（2000）、Ang 和 Piazzesi（2003）以及其他学者的显著扩展。然而，现代分析文献引入了一个关键性的、显著的特征：明确地施加了无套利。

非常有趣的是，在许多方面，DNS 和 AFNS 二者在传统文献和现代文献之间架起了一座桥梁。DNS 是倒数第二个传统模型：明确了随机的、动态的、简洁而灵活的、三因子状态空间结构等等。AFNS 是一个“现代版本的”DNS，在保持 DNS 具有的吸引人的特点和经验易处理性的同时，明确地施加了无套利约束。在这样的情境下，有几个问题出现了，有关无套利约束的作用，各种无套利建模方法的经验易处理性，以及 DNS/AFNS 模型是否是“特殊的”，为什么 DNS/AFNS 模型是“特殊的”，直到目前，所有这些问题不仅未得到完全的解决，而且在不断发展的文献中还显得非常突出。因此，在前面的第 1 章当中，我们从几个问题开始了本书的分析，现在，我们用三个问题来结束本书的分析。

## 6.1 施加无套利有帮助吗？

可以说 DNS 的拟合非常好，如此，如果市场收益率是免于套利的话，那么 DNS 也应是免于套利的，至少是一个精确的近似。因此，如果对 DNS 施加无套利，似乎凭借直觉就可以认为无套利的约束可能在很大程度上不具约束力。因此，在 Diebold 和 Li（2006）以及随后的 DNS 分析当中，我们可以隐隐约约地感觉到，对于 DNS 来说，缺乏无套利并不是一个非常重要的问题，我们的注意力应该更好地集中在其他的事情上，主要是如何运用一种创造性的方法扩展 DNS。

AFNS 理论显示，不仅是直觉，而且严谨的理论证明也可表明，施加无套利约束不可能提高 DNS 的预测性能。特别重要的是，就像第 3 章表明的关键命题 AFNS 一样，虽然无套利强烈地约束了风险中性的动力学，但是它并没有对物理动力学施加限制。与此相反，

---

① 在此期间，除了理论发展之外，度量也获得了迅速的进展。例如，Durand（1958）和 Malkiel（1966）以及其他学者构建了高质量的收益率曲线数据。

② 早期文献关注的重点是期限溢价与收益率水平之间的联系，这种关注明显地具有凯恩斯的痕迹（Keynes（1936），pp. 201 ~ 202）。不过，收益率水平肯定只是商业条件的一个方面，关键的问题是期限溢价与广泛的商业条件有关。

施加无套利仅仅提供了收益率调整期限，这个收益率调整期限随着到期日的变化而变化，但是却不随时间的变化而变化。一些学者非常重要的后续工作对 AFNS 进行了有效拓展，将命题 AFNS“预测无关（predictive irrelevance）”的特点拓展为一般情境的标准模型之中，这种模型具有最大限度的灵活性。特别重要的是，Duffee（2011a）和 Joslin 等人（2011b）在决定一般收益率的单一情境之中，推进了一些与预测无关的争论。然而，Joslin 等人（2011a）则在包括了宏观经济基本面的分析情境之中，扩展了这些争论。

因此，也许具有讽刺意味的是，在某种意义上来说，有一些文献在分析时兜了一个大圈子。从一个金融经济的角度来看，对于各种各样“传统”模型当中存在的套利可能性，人们可能会感觉难以接受，所以 Vasicek（1977）、Duffie 和 Kan（1996）以及 Dai 和 Sngleton（2000）对这些模型施加了无套利。与此相似，对于简单地拟合不受约束的向量自回归，人们可能也会感觉难以接受，所以 Ang 和 Piazzesi（2003）对这些向量自回归也施加了无套利。最后，对于拟合不受约束的 DNS，人们可能同样会感觉难以接受，所以 Christensen 等人（2011a）对 DNS 同样施加了免于套利。想必就某些中心任务来说（比如定价），对于模型没有施加无套利，人们应当感觉难以接受，但是新兴理论的认识是，至少就一个中心任务（预测）来说，从理论上来说，施加无套利似乎不太可能有帮助。①

然而，我们需要马上补充如下，就像在 3.7 节中讨论的一样，在 DNS 的情境当中，经验研究有时已经发现了施加无套利获得的预测收益（这种预测收益是千真万确存在的）。在很大程度上，如此收益是否是真实的（例如，来自 AFNS 的收益率调整期限），或在很大程度上，只是由于好的运气所为（例如，样本选择跨越了不同国家在不同时期的各种各样收益率），这些问题都还有待于进一步的观察，我们期待着将来会有更多的相关研究出现。当前，也许最佳的实践建议是，应当始终结合 AFNS 一起研究，因为对于估计来说，AFNS 几乎是像 DNS 一样简单，对于许多任务来说，施加无套利显然是非常重要的，即使不是所有的任务都是如此。

## 6.2 AFNS 是唯一具有易处理性的 $A_0$（3）模型吗？

简短的回答是：“直到最近它都是唯一具有易处理性的 $A_0$（3）模型，但是非常有趣的是，现在它已经不再是了。”依据我们的观点，直到最近，AFNS 都是唯一的具有经验易处理性的现代模型，这种说法是一点也不夸张的。特别重要的是，具有最大灵活性的标准 $A_0$（$N$）模型，它有着声名狼藉的、顽固的似然面（likelihood surfaces），尽管对如此问题很少有公开的确认。在最近 Hamilton 和 Wu（2010b）二人富有洞察力的研究当中，他们对此情况进行了很好的总结：

> 在运用数据进行必要的参数估计时，由于高度的非线性以及表现不好的似然面的原因，使得巨大的数值挑战埋藏在这个文献的一些附注之中，同样也埋藏在那些已经运用这些模型学者的实践经验之中。

他们接着澄清了与标准模型的经验噩梦相联系的确切原因，特别表明了三大主导的标准模型是未经识别的。②

---

① 我们这里说“似乎不太可能有帮助”而不是“不可能有帮助”，原因在于，尽管收益率调整期限不随时间变化而变化，但是 AFNS 的收益率调整期限可能有助于预测。例如，它可能有助于提供一个偏置校正。

② 详情也请参见 Hamilton 和 Wu（2011）的分析。

除了 $A_0$（$N$）模型存在的识别方面的问题之外，似乎 $A_0$（$N$）还存在着数据挖掘方面的问题。特别重要的是，就如 Duffee（2010）所指出的那样，对于大多数标准的仿射无套利模型来说，它们都具有对参数化挥霍无度的特点，这就意味着它们的 Sharp 比率要比在实践中实际上能够获得的高得离谱。由此，我们可以从几个原因来说，具有最大灵活性的 $A_0$（$N$）模型是不适合用于经验研究的，至少作为传统的经验来实施是如此。

然而，非常幸运的是，近期，Joslin 等人（2011b）的研究改变了上述状况，从而打开了一扇重要的、全新的大门。他们开发了一个性能良好的高斯期限结构模型家族，就这种模型来说，值得信赖的估计是非常简单的，就像 AFNS 一样。除此之外，事实也已经证明，对应于相对具有最大灵活性模型的三个额外的约束，包括在风险中性动态矩阵 $K^Q$ 中的一个重复特征值①，AFNS 是它们标准形式之内的一个特殊情况。

## 6.3 AFNS 特殊吗？

一个显而易见的问题是，尽管 AFNS 很明显是标准形式当中的一个重要成员，尽管早期 AFNS 的发现后来也被扩展到了 Joslin 等人（2011b）的类型之中，但是 AFNS 是否值得继续提升地位；也就是说，AFNS 在某些方面是否是特殊的？对此还有许多问题和细微之处需要我们明确，而且现在就提供一个明确的答案也还为时过早。事实上也许不会有一个明确的答案，永远也不会有，但是，在以下的分析当中我们将会提供一些见解，这些见解能够回答这些问题。总而言之，我们认为 AFNS 模型是特殊的，理由至少是建立在三种考虑基础之上的。

### 6.3.1 AFNS 的简单结构有利于专业化、扩展和多样化的用途

AFNS 具有的结构表现出了一些重要而又有用的特性，目前来说，这些特性很难或不可能在一些与此竞争的分析结构当中获得。首先，从专业方面来说，它具有的参数简单性使得它非常容易施加一些约束。其次，从扩展方面来说，如果要增加 AFNS 潜在因子的数量，同样也是非常容易的，例如，在 4.2.2 小节中介绍的具有五因子的 AFGNS 模型。②最后，从各种不同的用途来说，它的灵活、连续的基础函数（basis function），能够容易地用于相关的定价、在观察到的收益率之间的曲线插值（curve interpolation）以及任意债券投资组合的风险度量。

### 6.3.2 AFNS 具有很强的逼近理论的动机

Nelson 和 Siegel（1987）二人最初采用的是通过解二阶微分方程的函数形式：

容易产生典型收益率曲线形状的一种函数类型，是有关解微分……方程……如果瞬时远期利率……可以由解具有实数和不相等根的二阶微分方程得到，我们会有……一个远期利率曲线的家族，这些远期利率曲线呈现出单调、双峰或 S 的形状……和隐含的收益率曲线呈现出相同的形状类别。

除此之外，非常有趣的是，Nelson 和 Siegel 引进了一个约束，这个约束在函数逼近方

① 在相关的研究当中，Siegel（2009）考虑了债券价格的无套利模型而不是收益率。他的分析相对于 Duffie-Kan 的分析有几个好处。该模型还承认一般封闭形式的解，并且漂移不受扩散的影响，从而也就简化了随机波动的渗入。粗略说来，似乎 Siegel 家族的贴现曲线在 Joslin 家族中是收益率曲线。除此之外，在结构、拟合和易处理性方面，Siegel 家族的一个特定成员与 AFNS 收益率模型有着密切的相似之处。

② Krippner（2011b）列表并讨论了对于 AFNS 模型的一系列现有的和潜在的扩展，他描绘了每一个扩展与通用的高斯仿射无套利模型 $A_0$（$N$）之间的关系。

面给予了他们一个明确的理由：

借助解相等根情况下的方程，能够生成具有相同形状类别的一个更简约的模型……在不相等根的情况下，在根之间的差异当中，我们借助展开一个幂级数，作为一个解的近似，也可能得到这个模型……（它）也可以视做一个常数加上一个 Laguerre 函数……（它是一个）多项式时间的指数衰减项，并且是一种近似函数的数学类型。

我们已经注意到，相等根的假设与风险中性 AFNS 动态矩阵 $K^Q$ 并不是无关的。最近所进行的一些重要研究，使得函数逼近的理由进一步凸显。Krippner（2011b）表明，对于任意的 $A_0$（$N$）的期限结构动力学，NS 的形式提供了一个泰勒级数的近似。更确切地说，Krippner 的研究表明，对于所有 NS 模型共有的水平、斜率和曲率成分，明确来自于低阶泰勒级数的展开，就通用的高斯仿射利率期限结构模型来说，这种展开是围绕着特征值的中心进行度量的。因此，任何出自 $A_0$（$N$）类型的收益率曲线，都可以运用一个 AFNS 模型非常简单地近似表示。

### 6.3.3 AFNS 的约束未被拒绝

正如前面曾经提到过的，对应于三个约束，AFNS 是 Joslin 等人（2011b）标准形式当中内含的一个特殊情况。因此，AFNS 虚无假设（null hypothesis）的似然比和相关检验是可以立即适用的，Joslin 等人（2011b）就做过这些方面的工作。非常有趣的是，当他们将自己的模型标准化时，他们的收益率因子就是前三个主成分——依据他们的观点是一个自然和明显的基准，这也是我们的观点——他们发现没有证据反对 AFNS。[①]由于没有遭到拒绝，所以我们对此一点也不感到惊讶。事实上，从我们在这本书中强调的许多原因来说，我们预期 AFNS 的拟合会非常好。除此之外，即使 AFNS 在某种程度上遭到了拒绝，但是从一个迄今未知的“首选”三因子模型当中，我们会发现 AFNS 不可能远离任何有意义的经济意识。

---

① 事实上，他们的似然比检验统计量的 $p$ 值是大于 0.5 的。

# 附录

## 附录 A 二因子的 AFNS 计算

在这部分内容当中，我们将提供有关风险厌恶二因子 AFNS 计算的详细情况。当然，对于风险中性下的分析结论，它是作为一种特殊的情况存在的。为了推导出仿射债券定价的公式和收益率曲线的方程，考虑风险价格的情况 $\lambda_t = (\lambda^1 \lambda^2)'$。（请注意，通过设置风险价格为0，我们从方程（3.10）中就可以得到方程（3.9）。）有两种方法可以用来推导这些公式。第一个方法是，我们可以构建一个风险中性的概率测度，风险中性定价公式（3.7）就是保持在这个测度下的。第二个方法是，我们可以从欧拉方程（Euler equation）$E[d(m_t F_t)] = 0$ 开始。下面我们依次来考虑这两种方法。

### A.1 风险中性概率

在风险中性概率的测度下，解 $dB_t^* = dB_t + \lambda_t dt$ 这个方程中的 $B^*$ 的过程，是一个 Brownian 运动。通过解 $dB_t$，然后将这个表达式插入到因子（3.6）的 AR（1）动力学当中，由此我们就可以得到下式

$$
\begin{aligned}
dx_t^i &= \kappa_i(\theta_i - x_t^i)dt + \sigma_i(dB_t^{*i} - \lambda_t^i dt) \\
&= (\kappa_i\theta_i - \kappa_i x_t^i - \sigma_i\lambda_0^i - \sigma_i\lambda_1^i x_t^i)dt + \sigma_i dB_t^{*i} \\
&= (\kappa_i\theta_i - \sigma_i\lambda_0^i - (\kappa_i + \sigma_i\lambda_1^i)x_t^i)dt + \sigma_i dB_t^{*i} \\
&= (\kappa_i + \sigma_i\lambda_1^i)\left(\frac{\kappa_i\theta_i - \sigma_i\lambda_0^i}{(\kappa_i + \sigma_i\lambda_1^i)} - x_t^i\right)dt + \sigma_i dB_t^{*i} \\
&= \kappa_i^*(\theta_i^* - x_t^i)dt + \sigma_i dB_t^{*i}
\end{aligned}
$$

在上式当中

$$\kappa_i^* = \kappa_i + \sigma_i\lambda_1^i,\quad \theta_i^* = \frac{\kappa_i\theta_i - \sigma_i\lambda_0^i}{\kappa_i + \sigma_i\lambda_1^i}$$

$\tau$ 期债券的价格为

$$P_t^{(\tau)} = E_t^*\left(exp\left(-\int_t^{t+\tau} r_s\, ds\right)\right)$$

在这里，预期算子 $E^*$ 采用了风险中性概率的测度。既然向量 $x = (x_1, x_2)'$ 是马尔可夫的，那么这种期望是状态 $x_t$ 的一个函数。因此，债券价格是状态向量 $x_t$ 和至到期日的时

间 $\tau$ 的一个函数 $P_t^{(\tau)}=F(x_t, \tau)$。通过 Feynman-Kac 公式，$F$ 解偏微分方程

$$F_t r_t = -\frac{\partial F}{\partial \tau} + \sum_{i=1}^{2}\left[\frac{\partial F}{\partial x^i}\kappa_i^*(\theta_i^* - x_t^i) + \frac{1}{2}\frac{\partial^2 F}{\partial x^{i2}}\sigma_i^2\right]$$

终端的条件 $F(x, 0)=1$。

我们假定的解为

$$F(x_t, \tau) = exp(A(\tau) + B(\tau) x_t) \tag{A. 1}$$

由此意味着

$$\frac{\partial F}{\partial x^i} = B_i(\tau) F$$

$$\frac{\partial^2 F}{\partial x^{i2}} = B_i(\tau)^2 F$$

$$\frac{\partial F}{\partial \tau} = (A'(\tau) + B'(\tau) x_t) F$$

将这些表达式插入到偏微分方程当中，由此我们可以得到

$$x_t^1 + x_t^2 = -A'(\tau) - B'_1(\tau)x_t^1 - B'_2(\tau)x_t^2 + \sum_{i=1}^{2}\left[B_i(\tau)\kappa_i^*(\theta_i^* - x_t^i) + \frac{1}{2}B_i(\tau)^2\sigma_i^2\right]$$

匹配系数产生

$$A'(\tau) = \sum_{i=1}^{2} B_i(\tau)\kappa_i^*\theta_i^* + \frac{1}{2}B_i(\tau)^2\sigma_i^2$$

$$1 = -B'_1(\tau) - B_1(\tau)\kappa_1^*$$

$$1 = -B'_2(\tau) - B_2(\tau)\kappa_2^*$$

边界条件为

$$A(0) = 0, \ B(0) = 0_{2\times1}$$

这些常微分方程有解

$$B_1(\tau) = \frac{(\exp(-\kappa_1^*\tau) - 1)}{\kappa_1^*} \tag{A. 2}$$

$$B_2(\tau) = \frac{(\exp(-\kappa_2^*\tau) - 1)}{\kappa_2^*}$$

将它们插入到收益率方程当中，从而有

$$\begin{aligned} y_t^{(\tau)} &= -\frac{A(\tau)}{\tau} - \frac{B_1(\tau)}{\tau}x_t^1 - \frac{B_2(\tau)}{\tau}x_t^2 \\ &= a^{NA}(\tau) + b_1^{NA}(\tau)x_t^1 + b_2^{NA}(\tau)x_t^2 \end{aligned}$$

这就是方程（3.9）。

## A. 2 Euler 方程

Euler 方程是

$$P_t^{(\tau)} = E_t\left[\frac{m_{t+\tau}}{m_t}\right]$$

瞬时方程为

$$E[d(m_t F_t)] = 0 \tag{A. 3}$$

债券价格是一个 $F(x, \tau)$ 形式的函数。通过应用伊藤引理（Ito's lemma），由此我们就可以得到下式

$$dF = \mu_F dt + \sigma_F dB_t$$

这里，漂移和波动为

$$\mu_F = -\frac{\partial F}{\partial \tau} + \sum_{i=1}^{2}\left[\frac{\partial F}{\partial x_i}\kappa_i(\theta_i - x^i) + \frac{1}{2}\frac{\partial^2 F}{\partial x^{i2}}\sigma_i^2\right]$$

$$\sigma_F = \sum_{i=1}^{2}\frac{\partial F}{\partial x^i}\sigma_i$$

$m_t$ 和 $F_t$ 两者是伊藤过程（Ito processes），如此它们乘积的解为

$$d(m_tF_t) = -r_tm_tF_tdt + m_t\mu_t^F dt - m_t\lambda_t\sigma_t^F dt - F_tm_t\lambda_tdB_t + m_t\sigma_t^F dB_t$$

使用 Euler 方程（A. 3），我们可以得到

$$0 = -r_tm_tF_t + m_t\mu_t^F - m_t\lambda_t\sigma_t^F \tag{A. 4}$$

$$F_tr_t = \left(-\frac{\partial F}{\partial \tau} + \sum_{i=1}^{2}\left[\frac{\partial F}{\partial x^i}\kappa_i(\theta_i - x_t^i) + \frac{1}{2}\frac{\partial^2 F}{\partial x^{i2}}\sigma_i^2\right]\right) - \sum_{i=1}^{2}\frac{\partial F}{\partial x^i}\sigma_i\lambda_t^i$$

再一次，我们假定指数仿射的解（A. 1），并且将此表达式插入到（A. 4）之中，以便能够获得下式

$$x_t^1 + x_t^2 = -A'(\tau) - B'_1(\tau)x_t^1 - B'_2(\tau)x_t^2 + \sum_{i=1}^{2}[B_i(\tau)\kappa_i(\theta_i - x_t^i) + \frac{1}{2}B_i(\tau)^2\sigma_i^2] - \sum_{i=1}^{2}B_i(\tau)\sigma_i(\lambda_0{}^i + \lambda_1^i x_t^i)$$

匹配系数产生的常微分方程为

$$A'(\tau) = \sum_{i=1}^{2}B_i(\tau)(\kappa_i\theta_i - \sigma_i\lambda_0^i) + \frac{1}{2}B_i(\tau)^2\sigma_i^2$$

$$1 = -B'_1(\tau) - B_1(\tau)(\kappa_1 + \sigma_1\lambda_1^1)$$

$$1 = -B'_2(\tau) - B_2(\tau)(\kappa_2 + \sigma_2\lambda_1^2)$$

因此，我们得到具有风险中性参数的系数（A. 2）。也就是，

$$\kappa_i{}^* = \kappa_i + \sigma_i\lambda_1^i$$

$$\kappa_i^*\theta_i^* = \kappa_i\theta_i - \sigma_i\lambda_0^i$$

结果

$$\theta_i^* = \frac{\kappa_i\theta_i - \sigma_i\lambda_0^i}{\kappa_i + \sigma_i\lambda_1^i}$$

# 附录 B　AFNS 约束的详情

在这里，我们提供关于 $A_0$（3）的 AFNS 约束细节，运用仿射不变变换理论（the theory of affine-invariant transformations）进行计算。

施加在 $A_0$（3）类型标准表达式之中的 AFNS 约束，它的起源开始于一个具有任意仿射扩散的过程，可由下式表示

$$dY_t = K_Y^Q[\theta_Y^Q - Y_t]dt + \sum{}_Y dw_t^Q$$

现在，我们考虑仿射变换 $\tau_Y$：$AY_t+\eta$，这里，$A$ 是作为 $Y_t$ 的一个具有相同维数的非奇异方阵，$\eta$ 是作为 $Y_t$ 的一个具有相同维数的常数向量。变换过程由 $X_t = AY_t + \eta$ 来表示。下面运用伊藤引理

$$\begin{aligned} dX_t &= AdY_t \\ &= [AK_Y^Q\theta_Y^Q - AK_Y^QY_t]dt + A\sum{}_Y dw_t^Q \end{aligned}$$

$$= AK_Y^Q A^{-1}[A\theta_Y^Q - AY_t - \eta + \eta]dt + A\sum_Y dw_t^Q$$

$$= AK_Y^Q A^{-1}[A\theta_Y^Q + \eta - X_t]dt + A\sum_Y dw_t^Q$$

$$= K_X^Q[\theta_X^Q - X_t]dt + \sum_X dw_t^Q$$

因此，$X_t$ 本身是带参数 $K_X^Q = AK_Y^Q A^{-1}$，$\theta_X^Q = A\theta_Y^Q + \eta$ 和 $\sum_X = A\sum_Y$ 的一个仿射扩散的过程。一个类似的结果适用于 $P$ 测度下的动力学。

对于短期利率过程，我们有

$$r_t = \delta_0^Y + (\delta_1^Y)'Y_t$$
$$= \delta_0^Y + (\delta_1^Y)'^{-1}AY_t$$
$$= \delta_0^Y + (\delta_1^Y)'^{-1}[AY_t + \eta - \eta]$$
$$= \delta_0^Y - (\delta_1^Y)'^{-1}\eta + (\delta_1^Y)'^{-1}X_t$$

因此，定义

$$\delta_0^X = \delta_0^Y - (\delta_1^Y)'^{-1}\eta$$

和

$$\delta_1^X = (\delta_1^Y)'^{-1}$$

短期利率过程是不变的，可以表示为

$$r_t = \delta_0^Y + (\delta_1^Y)'Y_t$$

或可以表示为

$$r_t = \delta_0^X + (\delta_1^X)'X_t$$

由于 $Y_t$ 和 $X_t$ 二者都是仿射潜在因子的过程，这种过程为短期利率过程 $r_t$ 提供了相同的分布，它们是相同的基本模型的等价表示。因此，$\tau_X$ 也被称为仿射不变变换。

这里，在我们考虑的 $A_0(3)$ 仿射期限结构模型子集的标准表达式当中，$Q$ 动力学为下式

$$\begin{pmatrix} dY_t^1 \\ dY_t^2 \\ dY_t^3 \end{pmatrix} = -\begin{pmatrix} \kappa_{11}^{Y,Q} & \kappa_{12}^{Y,Q} & \kappa_{13}^{Y,Q} \\ 0 & \kappa_{22}^{Y,Q} & \kappa_{23}^{Y,Q} \\ 0 & 0 & \kappa_{33}^{Y,Q} \end{pmatrix} \begin{pmatrix} Y_t^1 \\ Y_t^2 \\ Y_t^3 \end{pmatrix} dt + \begin{pmatrix} 1 & 0 & 0 \\ 0 & 1 & 0 \\ 0 & 0 & 1 \end{pmatrix} \begin{pmatrix} dW_t^{1,Q} \\ dW_t^{2,Q} \\ dW_t^{3,Q} \end{pmatrix}$$

$P$ 动力学为下式

$$\begin{pmatrix} dY_t^1 \\ dY_t^2 \\ dY_t^3 \end{pmatrix} = \begin{pmatrix} \kappa_{11}^{Y,P} & \kappa_{12}^{Y,P} & \kappa_{13}^{Y,P} \\ \kappa_{21}^{Y,P} & \kappa_{22}^{Y,P} & \kappa_{23}^{Y,P} \\ \kappa_{31}^{Y,P} & \kappa_{32}^{Y,P} & \kappa_{33}^{Y,P} \end{pmatrix} \left[ \begin{pmatrix} \theta_1^{Y,P} \\ \theta_2^{Y,P} \\ \theta_3^{Y,P} \end{pmatrix} - \begin{pmatrix} Y_t^1 \\ Y_t^2 \\ Y_t^3 \end{pmatrix} \right] dt + \begin{pmatrix} 1 & 0 & 0 \\ 0 & 1 & 0 \\ 0 & 0 & 1 \end{pmatrix} \begin{pmatrix} dW_t^{1,P} \\ dW_t^{1,P} \\ dW_t^{1,P} \end{pmatrix}$$

瞬时无风险利率为

$$r_t = \delta_0^Y + \delta_{1,1}^Y Y_t^1 + \delta_{1,2}^Y Y_t^2 + \delta_{1,3}^Y Y_t^3$$

在这个具有最大限度灵活性的 $A_0(3)$ 类型模型的标准表达式当中，一共有 22 个参数，我们给出了运用仿射 AFNS 模型所需要的参数约束。

### B.1　独立因子的 AFNS

独立因子的 AFNS 模型有 $P$ 动力学

$$\begin{pmatrix} dX_t^1 \\ dX_t^2 \\ dX_t^3 \end{pmatrix} = \begin{pmatrix} \kappa_{11}^{X,P} & 0 & 0 \\ 0 & \kappa_{22}^{X,P} & 0 \\ 0 & 0 & \kappa_{33}^{X,P} \end{pmatrix} \left[ \begin{pmatrix} \theta_1^{X,P} \\ \theta_2^{X,P} \\ \theta_3^{X,P} \end{pmatrix} - \begin{pmatrix} X_t^1 \\ X_t^2 \\ X_t^3 \end{pmatrix} \right] dt + \begin{pmatrix} \sigma_{11}^X & 0 & 0 \\ 0 & \sigma_{22}^X & 0 \\ 0 & 0 & \sigma_{33}^X \end{pmatrix} \begin{pmatrix} dW_t^{1,P} \\ dW_t^{1,P} \\ dW_t^{1,P} \end{pmatrix}$$

由命题 AFNS 给出 $Q$ 动力学，具体如下

$$\begin{pmatrix} dX_t^1 \\ dX_t^2 \\ dX_t^3 \end{pmatrix} = -\begin{pmatrix} 0 & 0 & 0 \\ 0 & \lambda & -\lambda \\ 0 & 0 & \lambda \end{pmatrix}\begin{pmatrix} X_t^1 \\ X_t^2 \\ X_t^3 \end{pmatrix} dt + \begin{pmatrix} \sigma_{11}^X & 0 & 0 \\ 0 & \sigma_{22}^X & 0 \\ 0 & 0 & \sigma_{33}^X \end{pmatrix}\begin{pmatrix} dW_t^{1,Q} \\ dW_t^{2,Q} \\ dW_t^{3,Q} \end{pmatrix}$$

最后，短期利率的过程是 $r_t = X_t^1 + X_t^2$。这个模型总共有 10 个参数，因此，在标准的 $A_0$（3）模型上需要施加 12 个参数约束。

仿射不变变换是非常容易验证的

$$\tau_A(Y_t) = AY_t + \eta$$

将标准表达式转换成独立因子的 AFNS 模型，这里

$$A = \begin{pmatrix} \sigma_{11}^X & 0 & 0 \\ 0 & \sigma_{22}^X & 0 \\ 0 & 0 & \sigma_{33}^X \end{pmatrix}$$

$$\eta = (0 \quad 0 \quad 0)'$$

就均值回归矩阵来说，我们有 $K_X^P = AK_Y^P A^{-1}$，这个式子是等同于 $K_Y^P = A^{-1}K_X^P A$ 以及 $K_X^Q = AK_Y^Q A^{-1}$，而该式又是等同于 $K_Y^Q = A^{-1}K_X^Q A$。然后，在 $Q$ 测度下的等效均值回归矩阵是

$$K_Y^Q = \begin{pmatrix} \frac{1}{\sigma_{11}^X} & 0 & 0 \\ 0 & \frac{1}{\sigma_{22}^X} & 0 \\ 0 & 0 & \frac{1}{\sigma_{33}^X} \end{pmatrix}\begin{pmatrix} 0 & 0 & 0 \\ 0 & \lambda & -\lambda \\ 0 & 0 & \lambda \end{pmatrix}\begin{pmatrix} \sigma_{11}^X & 0 & 0 \\ 0 & \sigma_{22}^X & 0 \\ 0 & 0 & \sigma_{33}^X \end{pmatrix}$$

$$= \begin{pmatrix} 0 & 0 & 0 \\ 0 & \lambda & -\lambda\frac{\sigma_{33}^X}{\sigma_{22}^X} \\ 0 & 0 & \lambda \end{pmatrix}$$

因此，需要在上三角矩阵的均值回归 $K_Y^Q$ 上施加 4 个约束：

$$K_{11}^{Y,Q} = 0,\ K_{12}^{Y,Q} = 0,\ K_{13}^{Y,Q} = 0,\ K_{33}^{Y,Q} = K_{22}^{Y}$$

除此之外，请特别注意，$K_{23}^{Y,Q}$的符号总是与 $K_{22}^{Y,Q}$和 $K_{33}^{Y,Q}$的符号相反，但它的绝对大小可以独立于这两个参数的变化。因为 $K_X^P$、$A$ 和 $A^{-1}$都是对角矩阵，$K_Y^P$ 也是一个对角矩阵。这就给出了另外的 6 个约束。

最后，我们可以研究有关短期利率过程的仿射函数中的因子载荷。在所有的 AFNS 模型当中，$r_t = X_t^1 + X_t^2$，这个等同于固定的 $\delta_0^X = 0$ 和 $\delta_1^X = (1 \quad 1 \quad 0)'$。而从关系 $(\delta_1^X)' = (\delta_1^Y)'^{-1}$当中，我们又可以得出

$$(\delta_1^Y)' = (\delta_1^X)'A$$

$$= (1 \quad 1 \quad 0)\begin{pmatrix} \sigma_{11}^X & 0 & 0 \\ 0 & \sigma_{22}^X & 0 \\ 0 & 0 & \sigma_{33}^X \end{pmatrix}$$

$$= (\sigma_{11}^X \quad \sigma_{22}^X \quad 0)$$

关于常数项，我们有

$$\delta_0^X=\delta_0^Y-(\delta_1^Y)'^{-1}\eta$$

这个是等同于 $\delta_0^Y=\delta_0^X=0$ 的。因此，我们已经获得了两个额外的参数约束，也就是 $\delta_0^Y=0$ 和 $\delta_{1,3}^Y=0$。

## B.2 相关因子的 AFNS

在相关因子的 AFNS 模型当中，$P$ 动力学为

$$\begin{pmatrix} dX_t^1 \\ dX_t^2 \\ dX_t^3 \end{pmatrix}=\begin{pmatrix} \kappa_{11}^{X,P} & \kappa_{12}^{X,P} & \kappa_{13}^{X,P} \\ \kappa_{21}^{X,P} & \kappa_{22}^{X,P} & \kappa_{23}^{X,P} \\ \kappa_{31}^{X,P} & \kappa_{32}^{X,P} & \kappa_{33}^{X,P} \end{pmatrix}\left[\begin{pmatrix} \theta_1^{X,P} \\ \theta_2^{X,P} \\ \theta_3^{X,P} \end{pmatrix}-\begin{pmatrix} X_t^1 \\ X_t^2 \\ X_t^3 \end{pmatrix}\right]dt+\begin{pmatrix} \sigma_{11}^X & \sigma_{12}^X & \sigma_{13}^X \\ 0 & \sigma_{22}^X & \sigma_{23}^X \\ 0 & 0 & \sigma_{33}^X \end{pmatrix}\begin{pmatrix} dW_t^{1,P} \\ dW_t^{2,P} \\ dW_t^{3,P} \end{pmatrix}$$

由命题 AFNS 给出的 $Q$ 动力学，具体如下

$$\begin{pmatrix} dX_t^1 \\ dX_t^2 \\ dX_t^3 \end{pmatrix}=-\begin{pmatrix} 0 & 0 & 0 \\ 0 & \lambda & -\lambda \\ 0 & 0 & \lambda \end{pmatrix}\begin{pmatrix} X_t^1 \\ X_t^2 \\ X_t^3 \end{pmatrix}dt+\begin{pmatrix} \sigma_{11}^X & \sigma_{12}^X & \sigma_{13}^X \\ 0 & \sigma_{22}^X & \sigma_{23}^X \\ 0 & 0 & \sigma_{33}^X \end{pmatrix}\begin{pmatrix} dW_t^{1,Q} \\ dW_t^{2,Q} \\ dW_t^{3,Q} \end{pmatrix}$$

这个模型总共有 19 个参数，因此，需要三个参数约束。

仿射不变变换 $\tau_t(Y_t)=AY_t+\eta$ 将标准表达式转为相关因子的 AFNS 模型，这是很容易验证的，其中

$$A=\begin{pmatrix} \sigma_{11}^X & \sigma_{12}^X & \sigma_{13}^X \\ 0 & \sigma_{22}^X & \sigma_{23}^X \\ 0 & 0 & \sigma_{33}^X \end{pmatrix}$$

$$\eta=(0\quad 0\quad 0)'$$

对于均值回归矩阵，我们有 $K_X^P=AK_Y^PA^{-1}$，这个式子等同于 $K_Y^P=A^{-1}K_X^PA$ 以及 $K_X^Q=AK_Y^QA^{-1}$，而这个式子又等同于 $K_Y^Q=AK_X^Q A^{-1}$。然后，在 $Q$ 测度下的等效均值回归矩阵是

$$K_Y^Q=\begin{pmatrix} \frac{1}{\sigma_{11}^X} & -\frac{\sigma_{12}^X}{\sigma_{11}^X\sigma_{22}^X} & -\left(\frac{\sigma_{13}^X}{\sigma_{11}^X\sigma_{33}^X}-\frac{\sigma_{12}^X\sigma_{23}^X}{\sigma_{11}^X\sigma_{22}^X\sigma_{33}^X}\right) \\ 0 & \frac{1}{\sigma_{22}^X} & -\frac{\sigma_{23}^X}{\sigma_{22}^X\sigma_{33}^X} \\ 0 & 0 & \frac{1}{\sigma_{33}^X} \end{pmatrix}\times\begin{pmatrix} 0 & 0 & 0 \\ 0 & \lambda & -\lambda \\ 0 & 0 & \lambda \end{pmatrix}\begin{pmatrix} \sigma_{11}^X & \sigma_{12}^X & \sigma_{13}^X \\ 0 & \sigma_{22}^X & \sigma_{23}^X \\ 0 & 0 & \sigma_{33}^X \end{pmatrix}$$

$$=\begin{pmatrix} 0 & -\lambda\frac{\sigma_{12}^X}{\sigma_{11}^X} & \lambda\frac{\sigma_{12}^X\sigma_{33}^X-\sigma_{22}^X\sigma_{13}^X}{\sigma_{11}^X\sigma_{22}^X} \\ 0 & \lambda & -\lambda\frac{\sigma_{33}^X}{\sigma_{22}^X} \\ 0 & 0 & \lambda \end{pmatrix}$$

因此，两种约束需要施加在上三角的均值回归矩阵 $K_Y^Q$：$K_{11}^{Y,Q}=0$ 和 $K_{33}^{Y,Q}=K_{22}^{Y,Q}$。除此之外，请特别注意，$K_{23}^{Y,Q}$的符号总是与 $K_{22}^{Y,Q}$和 $K_{33}^{Y,Q}$的符号相反，但它的绝对大小可以独立于其他两个参数的变化。

接下来，我们来研究关于短期利率过程仿射函数的因子载荷。在 AFNS 模型当中，$r_t=X_t^1+X_t^2$，这个等同于固定的 $\delta_0^X=0$ 和 $\delta_1^X=(1\quad 1\quad 0)'$。从关系 $(\delta_1^X)'=(\delta_1^Y)'^{-1}$中，我们可以得出

$$(\delta_1^Y)'=(\delta_1^X)'A$$

$$
= (1 \quad 1 \quad 0)\begin{pmatrix} \sigma_{11}^X & \sigma_{12}^X & \sigma_{13}^X \\ 0 & \sigma_{22}^X & \sigma_{23}^X \\ 0 & 0 & \sigma_{33}^X \end{pmatrix}
$$

$$
= (\sigma_{11}^X \quad \sigma_{12}^X+\sigma_{22}^X \quad \sigma_{13}^X+\sigma_{23}^X)
$$

由此表明，在 $\delta_1^Y$ 的上面没有约束。关于常数项，我们有 $\delta_0^X=\delta_0^Y-(\delta_1^Y)'^{-1}\eta$，这个等同于 $\delta_0^Y=\delta_0^X=0$。由此，我们获得了一个额外的参数约束，$\delta_0^Y=0$。最后，对于在 $P$ 测度下的均值回归矩阵，我们有 $K_X^P=AK_Y^PA^{-1}$，这个等同于 $K_Y^P=A^{-1}K_X^PA$。因为 $K_X^P$ 是一个任意的 3×3 矩阵，所以 $K_Y^P$ 也是一个任意的 3×3 矩阵。因此，在这个模型的等效标准表达式当中，没有任何约束被施加于 $P$ 动力学。

# 附录 C  AFGNS 的收益率调整期限

假设一个一般的波动率矩阵为

$$
\sum = \begin{pmatrix} \sigma_{11} & \sigma_{12} & \sigma_{13} & \sigma_{14} & \sigma_{15} \\ \sigma_{21} & \sigma_{22} & \sigma_{23} & \sigma_{24} & \sigma_{25} \\ \sigma_{31} & \sigma_{32} & \sigma_{33} & \sigma_{34} & \sigma_{35} \\ \sigma_{41} & \sigma_{42} & \sigma_{43} & \sigma_{44} & \sigma_{45} \\ \sigma_{51} & \sigma_{52} & \sigma_{53} & \sigma_{54} & \sigma_{55} \end{pmatrix}
$$

分析的 AFGNS 收益率调整期限是

$$
\frac{C(t,\ T)}{T-t}
$$

$$
= \frac{1}{2}\ \frac{1}{T-t}\int_t^T \sum_{j=1}^{5}\left(\sum{}'B(s,\ T)B(s,\ T)'\sum\right)_{j,\ j}ds
$$

$$
= \bar{A}\,\frac{(T-t)^2}{6}
$$

$$
+\bar{B}\left[\frac{1}{2\lambda_1^2}-\frac{1}{\lambda_1^3}\ \frac{1-e^{-\lambda_1(T-t)}}{T-t}+\frac{1}{4\lambda_1^3}\ \frac{1-e^{-2\lambda_1(T-t)}}{T-t}\right]
$$

$$
+\bar{C}\left[\frac{1}{2\lambda_2^2}-\frac{1}{\lambda_2^3}\ \frac{1-e^{-\lambda_2(T-t)}}{T-t}+\frac{1}{4\lambda_2^3}\ \frac{1-e^{-2\lambda_2(T-t)}}{T-t}\right]
$$

$$
+\bar{D}\left[\frac{1}{2\lambda_1^2}+\frac{1}{\lambda_1^2}e^{-\lambda_1(T-t)}-\frac{1}{4\lambda_1}(T-t)e^{-2\lambda_1(T-t)}-\frac{3}{4\lambda_1^2}e^{-2\lambda_1(T-t)}+\frac{5}{8\lambda_1^3}\ \frac{1-e^{-2\lambda_1(T-t)}}{T-t}-\frac{2}{\lambda_1^3}\ \frac{1-e^{-\lambda_1(T-t)}}{T-t}\right]
$$

$$
+\bar{E}\left[\frac{1}{2\lambda_2^2}+\frac{1}{\lambda_2^2}e^{-\lambda_2(T-t)}-\frac{1}{4\lambda_2}(T-t)e^{-2\lambda_2(T-t)}-\frac{3}{4\lambda_2^2}e^{-2\lambda_2(T-t)}+\frac{5}{8\lambda_2^3}\ \frac{1-e^{-2\lambda_2(T-t)}}{T-t}-\frac{2}{\lambda_2^3}\ \frac{1-e^{-\lambda_2(T-t)}}{T-t}\right]
$$

$$
+\bar{F}\left[\frac{1}{2\lambda_1}(T-t)+\frac{1}{\lambda_1^2}e^{-\lambda_1(T-t)}-\frac{1}{\lambda_1^3}\ \frac{1-e^{-\lambda_1(T-t)}}{T-t}\right]
$$

$$
+\bar{G}\left[\frac{1}{2\lambda_2}(T-t)+\frac{1}{\lambda_2^2}e^{-\lambda_2(T-t)}-\frac{1}{\lambda_2^3}\ \frac{1-e^{-\lambda_2(T-t)}}{T-t}\right]
$$

$$
+\bar{H}\left[\frac{3}{\lambda_1^2}e^{-\lambda_1(T-t)}+\frac{1}{2\lambda_1}(T-t)+\frac{1}{\lambda_1}(T-t)e^{-\lambda_1(T-t)}-\frac{3}{\lambda_1^3}\ \frac{1-e^{-\lambda_1(T-t)}}{T-t}\right]
$$

$$
+\bar{I}\left[\frac{3}{\lambda_2^2}e^{-\lambda_2(T-t)}+\frac{1}{2\lambda_2}(T-t)+\frac{1}{\lambda_2}(T-t)e^{-\lambda_2(T-t)}-\frac{3}{\lambda_2^3}\ \frac{1-e^{-\lambda_2(T-t)}}{T-t}\right]
$$

$$
+\bar{J}\left[\frac{1}{\lambda_1\lambda_2}-\frac{1}{\lambda_1^2\lambda_2}\ \frac{1-e^{-\lambda_1(T-t)}}{T-t}-\frac{1}{\lambda_1\lambda_2^2}\ \frac{1-e^{-\lambda_2(T-t)}}{T-t}+\frac{1}{\lambda_1\lambda_2(\lambda_1+\lambda_2)}\ \frac{1-e^{-(\lambda_1+\lambda_2)(T-t)}}{T-t}\right]
$$

$$+\bar{K}\left[\frac{1}{\lambda_1^2}+\frac{1}{\lambda_1^2}e^{-\lambda_1(T-t)}-\frac{1}{2\lambda_1^2}e^{-2\lambda_1(T-t)}-\frac{3}{\lambda_1^3}\frac{1-e^{-\lambda_1(T-t)}}{T-t}+\frac{3}{4\lambda_1^3}\frac{1-e^{-2\lambda_1(T-t)}}{T-t}\right]$$

$$+\bar{L}\left[\frac{1}{\lambda_1\lambda_2}+\frac{1}{\lambda_1\lambda_2}e^{-\lambda_2(T-t)}-\frac{1}{\lambda_1(\lambda_1+\lambda_2)}e^{-(\lambda_1+\lambda_2)(T-t)}-\frac{1}{\lambda_1^2\lambda_2}\frac{1-e^{-\lambda_1(T-t)}}{T-t}\right.$$

$$\left.-\frac{2}{\lambda_1\lambda_2^2}\frac{1-e^{-\lambda_2(T-t)}}{T-t}+\frac{\lambda_1+2\lambda_2}{\lambda_1\lambda_2(\lambda_1+\lambda_2)^2}[1-e^{-(\lambda_1+\lambda_2)(T-t)}]\right]$$

$$+\bar{M}\left[\frac{1}{\lambda_1\lambda_2}+\frac{1}{\lambda_1\lambda_2}e^{-\lambda_1(T-t)}-\frac{1}{\lambda_2(\lambda_1+\lambda_2)}e^{-(\lambda_1+\lambda_2)(T-t)}-\frac{1}{\lambda_1\lambda_2^2}\frac{1-e^{-\lambda_2(T-t)}}{T-t}\right.$$

$$\left.-\frac{2}{\lambda_1^2\lambda_2}\frac{1-e^{-\lambda_1(T-t)}}{T-t}+\frac{\lambda_2+2\lambda_1}{\lambda_1\lambda_2(\lambda_1+\lambda_2)^2}[1-e^{-(\lambda_1+\lambda_2)(T-t)}]\right]$$

$$+\bar{N}\left[\frac{1}{\lambda_2^2}+\frac{1}{\lambda_2^2}e^{-\lambda_2(T-t)}-\frac{1}{2\lambda_2^2}e^{-2\lambda_2(T-t)}-\frac{3}{\lambda_2^3}\frac{1-e^{-\lambda_2(T-t)}}{T-t}+\frac{3}{4\lambda_2^3}\frac{1-e^{-2\lambda_2(T-t)}}{T-t}\right]$$

$$+\bar{O}\left[\frac{1}{\lambda_1\lambda_2}+\frac{1}{\lambda_1\lambda_2}e^{-\lambda_1(T-t)}+\frac{1}{\lambda_1\lambda_2}e^{-\lambda_2(T-t)}\right.$$

$$-\left(\frac{1}{\lambda_1}+\frac{1}{\lambda_2}\right)\frac{1}{\lambda_1+\lambda_2}e^{-(\lambda_1+\lambda_2)(T-t)}$$

$$-\frac{2}{(\lambda_1+\lambda_2)^2}e^{-(\lambda_1+\lambda_2)(T-t)}$$

$$-\frac{1}{\lambda_1+\lambda_2}(T-t)e^{-(\lambda_1+\lambda_2)(T-t)}$$

$$-\frac{2}{\lambda_1^2\lambda_2}\frac{1-e^{-\lambda_1(T-t)}}{T-t}-\frac{2}{\lambda_1\lambda_2^2}\frac{1-e^{-\lambda_2(T-t)}}{T-t}$$

$$+\frac{2}{(\lambda_1+\lambda_2)^3}\frac{1-e^{-(\lambda_1+\lambda_2)(T-t)}}{T-t}$$

$$+\left(\frac{1}{\lambda_1}+\frac{1}{\lambda_2}\right)\frac{1}{(\lambda_1+\lambda_2)^2}\frac{1-e^{-(\lambda_1+\lambda_2)(T-t)}}{T-t}$$

$$\left.+\frac{1}{\lambda_1\lambda_2(\lambda_1+\lambda_2)}\frac{1-e^{-(\lambda_1+\lambda_2)(T-t)}}{T-t}\right]$$

这里

$\bar{A}=\sigma_{11}^2+\sigma_{12}^2+\sigma_{13}^2+\sigma_{14}^2+\sigma_{15}^2$

$\bar{B}=\sigma_{21}^2+\sigma_{22}^2+\sigma_{23}^2+\sigma_{24}^2+\sigma_{25}^2$

$\bar{C}=\sigma_{31}^2+\sigma_{32}^2+\sigma_{33}^2+\sigma_{34}^2+\sigma_{35}^2$

$\bar{D}=\sigma_{41}^2+\sigma_{42}^2+\sigma_{43}^2+\sigma_{44}^2+\sigma_{45}^2$

$\bar{E}=\sigma_{51}^2+\sigma_{52}^2+\sigma_{53}^2+\sigma_{54}^2+\sigma_{55}^2$

$\bar{F}=\sigma_{11}\sigma_{21}+\sigma_{12}\sigma_{22}+\sigma_{13}\sigma_{23}+\sigma_{14}\sigma_{24}+\sigma_{15}\sigma_{25}$

$\bar{G}=\sigma_{11}\sigma_{31}+\sigma_{12}\sigma_{32}+\sigma_{13}\sigma_{33}+\sigma_{14}\sigma_{34}+\sigma_{15}\sigma_{35}$

$\bar{H}=\sigma_{11}\sigma_{41}+\sigma_{12}\sigma_{42}+\sigma_{13}\sigma_{43}+\sigma_{14}\sigma_{44}+\sigma_{15}\sigma_{45}$

$\bar{I}=\sigma_{11}\sigma_{51}+\sigma_{12}\sigma_{52}+\sigma_{13}\sigma_{53}+\sigma_{14}\sigma_{54}+\sigma_{15}\sigma_{55}$

$\bar{J}=\sigma_{21}\sigma_{31}+\sigma_{22}\sigma_{32}+\sigma_{23}\sigma_{33}+\sigma_{24}\sigma_{34}+\sigma_{25}\sigma_{35}$

$\bar{K}=\sigma_{21}\sigma_{41}+\sigma_{22}\sigma_{42}+\sigma_{23}\sigma_{43}+\sigma_{24}\sigma_{44}+\sigma_{25}\sigma_{45}$

$\bar{L}=\sigma_{21}\sigma_{51}+\sigma_{22}\sigma_{52}+\sigma_{23}\sigma_{53}+\sigma_{24}\sigma_{54}+\sigma_{25}\sigma_{55}$

$\bar{M}=\sigma_{31}\sigma_{41}+\sigma_{32}\sigma_{42}+\sigma_{33}\sigma_{43}+\sigma_{34}\sigma_{44}+\sigma_{35}\sigma_{45}$

$\bar{N}=\sigma_{31}\sigma_{51}+\sigma_{32}\sigma_{52}+\sigma_{33}\sigma_{53}+\sigma_{34}\sigma_{54}+\sigma_{35}\sigma_{55}$

$\bar{O}=\sigma_{41}\sigma_{51}+\sigma_{42}\sigma_{52}+\sigma_{43}\sigma_{53}+\sigma_{44}\sigma_{54}+\sigma_{45}\sigma_{55}$

从经验上看，我们只能识别15个期限$\bar{A}$、$\bar{B}$、$\bar{C}$、$\bar{D}$、$\bar{E}$、$\bar{F}$、$\bar{G}$、$\bar{H}$、$\bar{I}$、$\bar{J}$、$\bar{K}$、$\bar{L}$、$\bar{M}$、$\bar{N}$和$\bar{O}$。因此，并不是所有的25个波动参数都可以得到识别。这就意味着，易于识别且极度灵活的设定具有一个波动矩阵，这个波动矩阵可以由一个三角形波动矩阵给定。①

$$\sum = \begin{pmatrix} \sigma_{11} & 0 & 0 & 0 & 0 \\ \sigma_{21} & \sigma_{22} & 0 & 0 & 0 \\ \sigma_{31} & \sigma_{32} & \sigma_{33} & 0 & 0 \\ \sigma_{41} & \sigma_{42} & \sigma_{43} & \sigma_{44} & 0 \\ \sigma_{51} & \sigma_{52} & \sigma_{53} & \sigma_{54} & \sigma_{55} \end{pmatrix}$$

① 请注意，它既可以是上三角也可以是下三角。具体的选择与模型的拟合无关。

# 参考文献

Ahn, D. H. , R. F. Dittmar, and A. R. Gallant (2002), "Quadratic Term Structure Models: Theory and Evidence," *Review of Financial Studies*, 15, 243–288.

Alfaro, R. (2011) "Affine Nelson-Siegel Model," *Economics Letters*, 110, 1–3.

Almeida, C. (2005), "Affine Processes, Arbitrage-Free Term Structures of Legendre Polynomials, and Option Pricing," *International Journal of Theoretical and Applied Finance*, 8, 161 –184.

Almeida, C. , A. Duarte, and C. Fernandes (2003), "A Generalization of Principal Components Analysis for Non-Observable Term Structures in Emerging Markets," *International Journal of Theoretical and Applied Finance*, 6, 895–893.

Almeida, C. , R. Gomes, A. Leite, A. Simonsen, and J. Vicente (2009), "Does Curvature Enhance Forecasting?" *International Journal of Theoretical and Applied Finance*, 12, 1171–1196.

Almeida, C. , A. Simonsen, and J. Vicente (2011), "Forecasting Bond Yields with Segmented Term Structure Models," Manuscript, Getulio Vargas Foundation Graduate School of Economics.

Almeida, C. , and J. Vicente (2008), "The Role of No-Arbitrage on Forecasting: Lessons from a Parametric Term Structure Model," *Journal of Banking and Finance*, 32, 2695–2705.

Alper, C. E. , K. Kazimov, and A. Akdemir (2007), "Forecasting the Term Structure of Interest Rates for Turkey: A Factor Analysis Approach," *Applied Financial Economics*, 17, 77–85.

Andersen, T. G. , and L. Benzoni (2010), "Do Bonds Span Volatility Risk in the US Treasury Market? A Specification Test for Affine Term Structure Models," *Journal of Finance*, 65, 603 –653.

Andersen, T. G. , T. Bollerslev, P. F. Christoffersen, and F. X. Diebold (2006), "Practical Volatility and Correlation Modeling for Financial Market Risk Management." In M. Carey and R. Stulz (eds. ), *The Risks of Financial Institutions*, University of Chicago Press for NBER, 513 –548.

Andersen, T. G. , T. Bollerslev, and F. X. Diebold (2010), "Parametric and Nonparametric Volatility Measurement," In L. P. Hansen and Y. Aï-Sahalia (eds. ), *Handbook of Financial Econometrics*, Elsevier, 67–138.

Andersen, T. G. , and J. Lund (1997), "Stochastic Volatility and Mean Drift in the Short Rate Diffusion: Sources of Steepness, Level and Curvature in the Yield Curve," Manuscript, Kellogg School, Northwestern University.

Ang, A. , G. Bekaert, and M. Wei (2007), "Do Macro Variables, Asset Markets or Surveys Forecast Inflation Better?" *Journal of Monetary Economics*, 54, 1163–1212.

Ang, A. , and M. Piazzesi (2003), "A No-Arbitrage Vector Autoregression of Term Structure Dynamics with Macroeconomic and Latent Variables," *Journal of Monetary Economics*, 50, 745 -787.

Aruoba, S. B. , and F. X. Diebold (2010), "Real-Time Macroeconomic Monitoring: Real Activity, Inflation, and Interactions," *American Economic Review*, 100, 20-24.

Aruoba, S. B. , F. X. Diebold, M. A. Kose, and M. E. Terrones (2011), "Globalization, the Business Cycle, and Macroeconomic Monitoring." In R. Clarida and F. Giavazzi (eds.), *NBER International Seminar on Macroeconomics*, University of Chicago Press.

Aruoba, S. B. , F. X. Diebold, and C. Scotti (2009), "Real Time Measurement of Business Conditions," *Journal of Business and Economic Statistics*, 27, 417-427.

Backus, D. , A. Gregory, and S. Zin (1989), "Risk Premiums in the Term Structure," *Journal of Monetary Economics*, 24, 371-399.

Balduzzi, P. , S. R. Das, S. Foresi, and R. K. Sundaram (1996), "A Simple Approach to Three-Factor Affine Term Structure Models," *Journal of Fixed Income*, 6, 43-53.

Bansal, R. , and I. Shaliastovich (2010), "A Long-Run Risks Explanation of Predictability Puzzles in Bond and Currency Markets," Manuscript, Duke University.

Bates, D. (1999), "Financial Markets' Assessment of EMU," *Carnegie-Rochester Conference Series on Public Policy*, 51, 229-269.

Bauer, M. D. , and G. D. Rudebusch (2011), "The Signaling Channel for Federal Reserve Bond Purchases," Federal Reserve Bank of San Francisco, Working Paper 2011-21.

Bekaert, G. , S. Cho, and A. Moreno (2010), "New-Keynesian Macroeconomics and the Term Structure," *Journal of Money, Credit and Banking*, 42, 33-62.

Bernadell, C. , J. Coche, and K. Nyholm (2005), "Yield Curve Prediction for the Strategic Investor," European Central Bank Working Paper No. 472.

Bernanke, B. , and J. Boivin (2003), "Monetary Policy in a Data-Rich Environment," *Journal of Monetary Economics*, 50, 525-546.

Bernanke, B. S. , J. Boivin, and P. Eliasz (2005), "Measuring the Effects of Monetary Policy: A Factor-Augmented Vector Autoregressive (FAVAR) Approach," *Quarterly Journal of Economics*, 120, 387-422.

Bianchi, F. , H. Mumtaz, and P. Surico (2009), "The Great Moderation of the Term Structure of U. K. Interest Rates," *Journal of Monetary Economics*, 56, 856-871.

Bibkov, R. , and M. Chernov (2010), "No-Arbitrage Macroeconomic Determinants of the Yield Curve," *Journal of Econometrics*, 159, 166-182.

BIS (2005), "Zero-Coupon Yield Curves: Technical Documentation," BIS Papers No. 25, Bank for Internatioal Settlements.

Björk, T. , and B. J. Christensen (1999), "Interest Rate Dynamics and Consistent Forward Rate Curves," *Mathematical Finance*, 9, 323-348.

Bliss, R. (1997), "Movements in the Term Structure of Interest Rates," *Federal Reserve Bank of Atlanta Economic Review*, 16-33.

Bohm-Bawerk, E. (1889), *Capital and Interest*, Macmillan.

Bowsher, C. G., and R. Meeks (2008), "The Dynamics of Economic Functions: Modeling and Forecasting the Yield Curve," *Journal of the American Statistical Association*, 103, 1419–1437.

Brüggemann, R., W. Härdle, J. Mungo, and C. Trenkler (2008), "VAR Modling for Dynamic Semiparametric Factors of Volatility Strings," *Journal of Financial Econometrics*, 6, 361–381.

Calvet, L. E., A. J. Fischer, and L. Wu (2010), "Dimension-Invariant Dynamic Term Structures," Manuscript, HEC Paris, UBS, and Baruch College.

Campbell, J., and J. Cochrane (1999), "By Force of Habit: A Consumption-Based Explanation of Aggregate Stock Market Behavior," *Journal of Political Economy*, 107, 205–251.

Campbell, J., A. Lo, and A. MacKinlay (1997), *The Economics of Financial Markets*, Princeton University Press.

Campbell, J. Y., and R. J. Shiller (1991), "Yield Spreads and Interest Rate Movements: A Bird's Eyc Vicw," *Review of Economic Studies*, 495–514.

Campbell, J. Y., and G. B. Tacksler (2003), "Equity Volatility and Corporate Bond Yields," *Journal of Finance*, 58, 2321–2350.

Carriero, A. (2011), "Forecasting the Yield Curve Using Priors from No-Arbitrage Affine Term Structure Models," *International Economic Review*, 52, 425–459.

Carriero, A., C. A. Favero, and I. Kaminska (2006), "Financial Factors, Macroeconomic Information and the Expectations Theory of the Term Structure of Interest Rates," *Journal of Econometrics*, 131, 339–358.

Carriero, A., and R. Giacomini (2011), "How Useful are No-Arbitrage Restrictions for Forecasting the Yield Curve?" *Journal of Econometrics*, in press.

Carriero, A., G. Kapetanios, and M. Marcellino (2010), "Forecasting Government Bond Yields with Large Bayesian VARs," School of Economics and Finance Working Paper 662, Queen Mary College, University of London.

Carter, C. K., and R. Kohn (1994), "On Gibbs Sampling for State Space Models," *Biometrika*, 81, 541–553.

Cassola, N., and N. Porter (2011), "Understanding Chinese Bond Yields and Their Role in Monetary Policy," IMF Working Paper 11/225.

Chambers, D., W. Carleton, and R. McEnally (1988), "Immunizing Default-Free Bond Portfolios with a Duration Vector," *Journal of Financial and Quantitative Analysis*, 23, 89–104.

Chauvet, M., and Z. Senyuz (2009), "A Joint Dynamic Bi-Factor Model of the Yield Curve and the Economy as a Predictor of Business Cycles," Manuscript, University of California-Riverside and University of New Hampshire.

Chen, L. (1996), *Stochastic Mean and Stochastic Volatility*, Blackwell.

Chen, Y., and K. Tsang (2009), "What Does the Yield Curve Tell Us about Exchange Rate Predictability?" Manuscript, University of Washington and Virginia Tech.

Chen, Y., and K. Tsang (2010), "Risk vs. Expectations in Exchange Rate Determination: A Macro-Finance Approach," Manuscript, University of Washington and Virginia Tech.

Chernozhukov, V. , and H. Hong (2003), "An MCMC Approach to Classical Estimation," *Journal of Econometrics*, 115, 293–346.

Christensen, J. H. E. , F. X. Diebold, and G. D. Rudebusch (2009), "An Arbitrage-Free Generalized Nelson-Siegel Term Structure Model," *Econometrics Journal*, 12, 33–64.

Christensen, J. H. E. , F. X. Diebold, and G. D. Rudebusch (2011a), "The Affine Arbitrage-Free Class of Nelson-Siegel Term Structure Models," *Journal of Econometrics*, 164, 4–20.

Christensen, J. H. E. , and J. A. Lopez (2011), "Common Risk Factors in the U. S. Treasury and Corporate Bond Markets: An Arbitrage-Free Dynamic Nelson-Siegel Modeling Approach," Manuscript, Federal Reserve Bank of San Francisco.

Christensen, J. H. E. , J. A. Lopez, and G. D. Rudebusch (2010a), "Can Term Structure Factors Span Stochastic Volatility?" Manuscript, Federal Reserve Bank of San Francisco.

Christensen, J. H. E. , J. A. Lopez, and G. D. Rudebusch (2010b), "Do Central Bank Liquidity Facilities Affect Interbank Lending Rates?" Manuscript, Federal Reserve Bank of San Francisco.

Christensen, J. H. E. , J. A. Lopez, and G. D. Rudebusch (2010c), "Inflation Expectations and Risk Premiums in an Arbitrage-Free Model of Nominal and Real Bond Yields," *Journal of Money, Credit, and Banking*, 42, 143–178.

Christensen, J. H. E. , J. A. Lopez, and G. D. Rudebusch (2011b), "Extracting Deflation Probability Forecasts from Treasury Yields," Manuscript, Federal Reserve Bank of San Francisco, forthcoming in *International Journal of Central Banking*.

Christensen, J. H. E. , and G. D. Rudebusch (2012), "The Response of Government Yields to Central Bank Purchases of Long-Term Bonds," Manuscript, Federal Reserve Bank of San Francisco, forthcoming in *Economic Jouranl*.

Chua, C. T. , D. Foster, K. Ramaswamy, and R. Stine (2008), "A Dynamic Model for the Forward Curve," *Review of Financial Studies*, 21, 265–310.

Cieslak, A. , and P. Pavola (2011), "Understanding Bond Risk Premia," Manuscript, University of Lugano and Northwestern University.

Cochrane, J. (2001), *Asset Pricing*, Princeton University Press.

Cochrane, J. H. , and M. Piazzesi (2005), "Bond Risk Premia," *American Economic Review*, 95, 138–160.

Collin-Dufresne, P. , R. S. Goldstein, and C. S. Jones (2008), "Identification of Maximal Affine Term Structure Models," *Journal of Finance*, 63, 743–795.

Coroneo, L. , K. Nyholm, and R. Vidova-Koleva (2011), "How Arbitrage-Free Is the Nelson-Siegel Model?" *Journal of Empirical Finance*, 18, 393–407.

Cox, J. C. , J. E. Ingersoll, and S. A. Ross (1985), "A Theory of the Term Structure of Interest Rates," *Econometrica*, 53, 385–407.

Dai, Q. , and K. J. Singleton (2000), "Specification Analysis of Affine Term Structure Models," *Journal of Finance*, 55, 1943–1978.

Dai, Q. , and K. J. Singleton (2002), "Expectation Puzzles, Time-Varying Risk Premia, and

Affine Models of the Term Structure," *Journal of Financial Economics*, 63, 415–441.

D'Amico, S., and T. B. King (2010), "Flow and Stock Effects of Large-Scale Treasury Purchases," Finance and Economics Discussion Series Paper No. 2010-52, Federal Reserve Board.

De Pooter, M. (2007), "Examining the Nelson-Siegel Class of Term Structure Models: In-Sample Fit versus Out-of-Sample Forecasting Performance," Discussion Paper 2007-043-4, Tinbergen Institute, Erasmus University.

De Pooter, M., F. Ravazzolo, and D. van Dijk (2010), "Term Structure Forecasting Using Macro Factors and Forecast Combination," International Finance Discussion Paper No. 2010-993, Federal Reserve Board.

Dempster, A. P., N. M. Laird, and D. B. Rubin (1977), "Maximum Likelihood from Incomplete Data via the EM Algorithm," *Journal of the Royal Statistical Society*, *Series B*, 39, 1–38.

Dewachter, H., and M. Lyrio (2006), "Macro Factors and the Term Structure of Interest Rates," *Journal of Money Credit and Banking*, 38, 119–140.

Dewachter, H., and M. Lyrio (2008), "Learning, Macroeconomic Dynamics and the Term Structure of Interest Rates," in J. Campbell (ed.), *Asset Prices and Monetary Policy*, University of Chicago Press.

Diebold, F. X. (2003), "Big Data Dynamic Factor Models for Macroeconomic Measurement and Forecasting," In M. Dewatripont, L. P. Hansen, and S. Turnovsky (eds.), *Advances in Economics and Econometrics: Theory and Applications*, *Eighth World Congress of the Econometric Society*, Cambridge University Press, 115–122.

Diebold, F. X. (2007), *Elements of Forecasting*, Thomson South-Western Publishing, 4th ed.

Diebold, F. X., and L. Kilian (2001), "Measuring Predictability: Theory and Macroeconomic Applications," *Journal of Applied Econometrics*, 16, 657–669.

Diebold, F. X., J. H. Lee, and G. Weinbach (1994), "Regime Switching with Time-Varying Transition Probabilities," In C. Hargreaves (ed.). *Nonstationary Time Series Analysis and Cointegration*, Oxford University Press, 283–302.

Diebold, F. X., and C. Li (2006), "Forecasting the Term Structure of Government Bond Yields," *Journal of Econometrics*, 130, 337–364.

Diebold, F. X., C. Li, and L. Ji (2006a), "A Three-Factor Yield Curve Model: Non-Affine Structure, Systematic Risk Sources, and Generalized Duration." In L. R. Klein (ed.), *Long-Run Growth and Short-Run Stabilization: Essays in Memory of Albert Ando*, Elgar, 240–274.

Diebold, F. X., C. Li, and V. Yue (2008), "Global Yield Curve Dynamics and Interactions: A Generalized Nelson-Siegel Approach," *Journal of Econometrics*, 146, 351–363.

Diebold, F. X., M. Piazzesi, and G. D. Rudebusch (2005), "Modeling Bond Yields in Finance and Macroeconomics," *American Economic Review*, 95, 415–420.

Diebold, F. X., and G. D. Rudebusch (1989), "Scoring the Leading Indicators," *Journal of Business*, 62, 369–391.

Diebold, F. X. , and G. D. Rudebusch ( 1996 ) , " Measuring Business Cycles: A Modern Perspective," *Review of Economics and Statistics*, 78, 67–77.

Diebold, F. X. , G. D. Rudebusch, and S. B. Aruoba ( 2006b ) , " The Macroeconomy and the Yield Curve: A Dynamic Latent Factor Approach," *Journal of Econometrecs*, 131, 309–338.

Diebold, F. X. , and K. Yilmaz ( 2010 ) , " Macroeconomic Volatility and Stock Market Volatility, Worldwide. " In T. Bollerslev, J. Russell, and M. Watson ( eds. ) , *Volatility and Time Series Econometrics: Essays in Honor of Robert F. Engle*, Oxford University Press, 97–116.

Doan, T. , R. Litterman, and C. A. Sims ( 1984 ) , " Forecasting and Conditional Projections Using Realistic Prior Distributions," *Econometric Reviews*, 3, 1–100.

Duffee, G. R. (2002), "Term Premia and Interest Rate Forecasts in Affine Models," *Journal of Finance*, 57, 405–443.

Duffee, G. R. (2010), "Sharpe Ratios in Term Structure Models," Manuscript, Johns Hokins University.

Duffee, G. R. (2011a), "Forecasting with the Term Structure: The Role of No-Arbitrage," Manuscript, Johns Hopkins University.

Duffee, G. R. ( 2011b ) , " Information in ( and not in ) the Term Structure," *Review of Financial Studies*, in press.

Duffie, D. , and R. Kan ( 1996 ) , " A Yield-Factor Model of Interrest Bates," *Mathematical Finance*, 6, 379–406.

Duffie, D. , J. Pan, and K. Singleton (2000), "Transform Analysis and Asset Pricing for Affine Jump-Diffusins," *Econometrica*, 68, 1343–1376.

Dungey, M. , V. L. Martin, and A. R. Pagan ( 2000 ) , " A Multivarate Latent Factor Decomposition of Internatinal Bond Yield Spredas," *Journal of Applied Econometrics*, 15, 697 –715.

Durand, D. ( 1958 ) , " A Quarterly Series of Corporated Basic Yields, 1952 – 57, and Some Attendant Reservations," *Journal of Finance*, 13, 348–356.

Eggertsson, G. B. , and M. Woodford (2003), "The Zero Bound on Interest Rates and Optimal Monetary Policy," *Brookings Papers on Economic Activity*, 34, 139–235.

Epstein, L. , and S. E. Zin (1989), "Substitution, Risk Aversion and the Temporal Behavior of Consumption and Asset Returns: A Theoretical Framework," *Econometrica*, 57, 937–969.

Estrella, A. , and F. S. Mishkin ( 1998 ) , " Predicting U. S. Recessions: Financial Variables as Leading Indicators," *Review of Economics and Statistics*, 80, 45–61.

Fabozzi, F. J. , L. Martellini, and P. Priaulet (2005), "Predictability in the Shape of the Term Structure of Interest Rates," *Journal of Fixed Income*, June, 40–53.

Fama, E. F. , and R. R. Bliss ( 1987 ) , " The Information in Long-Maturity Forward Rates," *American Economic Review*, 77, 680–692.

Fama, E. F. , and K. R. French ( 1992 ) , " The Cross-Section of Expected Stock Returns," *Journal of Finance*, 47, 427–465.

Favero, C. A. , L. Niu, L. Sala, and V. Salasco ( 2011 ) , " Term Structure Forecasting: No-

Arbitrage Restrictions vs. Large Information Sets," *International Journal of Forecasting*, in press.

Fengler, M. R., W. Härdle, and E. Mammen (2007), "A Dynamic Semiparametric Factor Model for Implied Volatility Surface Dynamics," *Journal of Financial Econometrics*, 5, 189–218.

Fengler, M. R., W. Härdle, and P. Schmidt (2002), "The Analysis of Implied Volatilities." In W. Härdle, T. Kleinow, and G. Stahl (eds.), *Applied Quantitative Finance: Theory and Computational Tools*, Springer, 127–137.

Filipović, D. (1999), "A Note on the Nelson-Siegel Family," *Mathematical Finance*, 9, 349–359.

Filipović, D. (2000), "Exponential-Polynomial Families and the Term Structure of Interest Rates," *Bernoulli*, 6, 1081–1107.

Filipović, D. (2009), *Term Structure Models*, Spinger-Verlag.

Fisher, I. (1930), *The Theory of Interest*, Porcupine Press.

Fisher, M., D. Nychka, and D. Zervos (1995), "Fitting the Term Structure of Interest Rates with Smoothing Splines," Finance and Economics Discussion Series Paper No. 95-1, Federal Reserve Board.

Fisher, M. and C. Gilles (1996), "Term Premia in Exponential-Affine Models of the Term Structure," Manuscript, Board of Governors of the Federal Reserve System.

Fontaine, J. S., and R. Garcia (2008), "Bond Liquidity Premia," Manuscript, EDHEC Business School, Nice, France.

Frankel, J. A., and C. S. Lown (1994), "An Indicator of Future Inflation Extracted from the Steepness of the Interest Rate Yield Curve along Its Entire Length," *Quarterly Journal of Economics*, 109, 517–530.

Fulop, A. (2009), "Filtering Methods," Manuscript, ESSEC Business School, Paris.

Gabaix, X. (2007), "Linearity-Generating Processes: A Modelling Tool Yielding Closed Forms for Asset Prices," Manuscript, Stern School, New York University.

Gagnon, J., M. Raskin, J. Remache, and B. Sack (2011), "The Financial Market Effects of the Federal Reserve's Large-Scale Asset Purchases," *International Journal of Central Banking*, 7, 3–43.

Gallmeyer, M. F., B. Hollifield, and S. E. Zin (2005), "Taylor Rules, McCallum Rules and the Term Structure of Interest Rates," *Journal of Monetary Economics*, 52, 921–950.

Garbade, K. D. (1999), *Fixed Income Analytics*, MIT Press.

Geweke, J. F. (1977), "The Dynamic Factor Analysis of Economic Time Series Models." In D. Aigner and A. Goldberger (eds.), *Latent Variables in Socioeconomic Models*, North Holland, 365–383.

Giese, J. (2008), "Level, Slope, Curvature: Characterizing the Yield Curve in a Cointegrated VAR Model," *Economics: The Open-Access, Open-Assessment E-Journal*, 2, 2008–2028.

Gimeno, R., and J. M. Marqués (2009), "Extraction of Financial Market Expectations about Inflation and Interest Rates from a Liquid Market," Banco de España Working Paper 0906.

Giordani, P., M. K. Pitt, and R. Kohn (2011), "Bayesian Inference for Time Series State

Space Models." In J. Geweke, G. Koop, and H. van Dijk (eds.), *Handbook of Bayesian Econometrics*, Oxford University Press, in press.

Golinski, A., and P. Zaffaroni (2011), "Long Memory Affine Term Structure Models," Manuscript, Imperial College London.

Gourieroux, C., and R. Sufana (2003), "Wishart Quadratic Term Structure Models," HEC Montreal, CREF Working Paper 03-10.

Granger, C. W. J. (1980), "Long Memory Relationships and the Aggregation of Dynamic Models," *Journal of Econometrics*, 14, 227-238.

Gregory, A. W., A. C. Head, and J. Reynauld (1997), "Measuring World Business Cycles," *International Economic Review*, 38, 677-701.

Guidolin, M., and A. Timmermann (2009), "Forecasts of U. S. Short-Term Interest Rates: A Flexible Forecast Combination Approach," *Journal of Financial Economics*, 14, 71-100.

Gürkaynak, R. S., B. Sack, and J. H. Wright (2007), "The US Treasury Yield Curve: 1961 to the Present," *Journal of Monetary Economics*, 54, 2291-2304.

Hamilton, J. D. (1989), "A New Approach to the Economic Analysis of Nonstationary Time Series and the Business Cycle," *Econometrica*, 57, 357-384.

Hamilton, J. D., and C. Wu (2010a), "The Effectiveness of Alternative Monetary Policy Tools in a Zero Lower Bound Environment," Manuscript, University of California-San Diego.

Hamilton, J. D., and C. Wu (2010b), "Identification and Estimation of Gaussian Affine Term Structure Models," Manuscript, University of California-San Diego.

Hamilton, J. D., and C. Wu (2011), "Testable Implications of Affine Term Structure Models," Manuscript, UCSD.

Harvey, A. (1990), *The Econometric Analysis of Time Series*, MIT Press.

Harvey, A., E. Ruiz, and E. Sentana (1992), "Unobserved Component Time Series Models with ARCH Disturbances," *Journal of Econometrics*, 52, 129-157.

Hautsch, N., and Y. Ou (2008), "Yield Curve Factors, Term Structure Volatility, and Bond Risk Premia," SFB 649 Discussion Paper, Humboldt University, Berlin.

Hautsch, N., and F. Yang (2010), "Bayesian Inference in a Stochastic Volatility Nelson-Siegel Model," *Computational Statistics and Data Analysis*, in press. SFB 649 Discussion Paper, Humboldt University, Berlin.

Heath, D., R. Jarrow, and A. Morton (1992), "Bond Pricing and the Term Structure of Interest Rates: A New Methodology for Contingent Claims Valuation," *Econometrica*, 77-105.

Hicks, J. R. (1946), *Value and Capital*, Clarendon, 2nd ed.

Hoffmaister, A. W., J. Roldos, and A. Tuladhar (2010), "Yield Curve Dynamics and Spillovers in Central and Eastern European Countries," IMF Working Paper No. 10/51.

Hördahl, P., O. Tristani, and D. Vestin (2006), "A Joint Econometric Model of Macroeconomic and Term-Structure Dynamics," *Journal of Econometrics*, 131, 405-444.

Hördahl, P., O. Tristani, and D. Vestin (2008), "The Yield Curve and Macroeconomic Dynamics," *Economic Journal*, 118, 1937-1970.

Hua, J. (2010a), "Essays in Financial Econometrics," Ph. D. Dissertation, University of Pennsylvania.

Hua, J. (2010b), "Option Implied Volatilities and Corporate Bond Yields: A Dynamic Factor Approach," Manuscript, Baruch College, City University of New York.

Ingram, B., and C. Whiteman (1994), "Supplanting the Minnesota Prior: Forecasting Macroeconomic Time Series Using Real Business Cycle Priors," *Journal of Monetary Economics*, 34, 497-510.

Jacobs, K., and L. Karoui (2009), "Conditional Volatility in Affine Term Structure Models: Evidence from Treasury and Swap Markets," *Journal of Financial Economics*, 77, 288-318.

Jardet, C., A. Monfort, and F. Pegoraro (2010), "No-Arbitrage Near-Integrated Term Structure Models, Term Premia, and GDP Growth," Manuscript, Bank of France.

Joslin, S., A. Le, and K. J. Singleton (2011a), "Why Gaussian Macro-Finance Term Structure Models Are (Nearly) Unconstrained Factor-VARs," Manuscript, University of Southern California, University of North Carolina, and Stanford University.

Joslin, S., M. Priebsch, and K. J. Singleton (2009), "Risk Premium Accounting in Macro-Dynamic Term Structure Models," Manuscript, MIT and Stanford University.

Joslin, S., M. Priebsch, and K. J. Singleton (2010), "Risk Premiums in Dynamic Term Structure Models with Unspanned Macro Risks," Manuscript, MIT and Stanford University.

Joslin, S., K. J. Singleton, and H. Zhu (2011b), "A New Perspective on Gaussian Dynamic Term Structure Models," *Review of Financial Studies*, 24, 926-970.

Jungbacker, B., and S. J. Koopman (2008), "Likelihood-Based Analysis for Dynamic Factor Models," Tinbergen Institute Discussion Paper TI 2008-0007/4.

Jungbacker, B., S. J. Koopman, and M. van der Wel (2010), "Smooth Dynamic Factor Analysis with an Application to the U. S. Term Structure of Interest Rates," Manuscript, Free University of Amsterdam, Tinbergen Institute, and Erasmus University Rotterdam.

Kessel, R. A. (1965). *The Cyclical Behavior of the Term Structure of Interest Rates*, National Bureau of Economic Research.

Keynes, J. M. (1936), *The General Theory of Employment, Interest, and Money*, Harcourt, Brace and World.

Kim, C. -J., and C. R. Nelson (1999), "Has the U. S. Economy Become More Stable? A Bayesian Approach Based on a Markov-Switching Model of the Business Cycle," *Review of Economics and Statistics*, 81, 608-616.

Kim, D. H., and K. J. Singleton (2012), "Term Structure Models and the Zero Bound: An Empirical Investigation of Japanese Yields," *Journal of Econometrics*, 170, 32-49.

Koivn, M., K. Nyholm, and J. Stromberg (2007a), "Joint Modelling of International Yield Curves," Manuscript, European Central Bank.

Koivn, M., K. Nyholm, and J. Stromberg (2007b), "The Yield Curve and Macro Fundamentals in Forecasting Exchange Rates," *Journal of Financial Forecasting*, 1, 63-83.

Koop, G. (2003), *Bayesian Econometrics*, Wiley.

Koopman, S. J., and J. Durbin (2000), "Fast Filtering and Smoothing for Multivariate State Space Models," *Journal of Time Series Analysis*, 21, 281–296.

Koopman, S. J., M. I. P. Mallee, and M. Van der Wel (2010a), "Analyzing the Term Structure of Interest Rates Using the Dynamic Nelson-Siegel Model with Time-Varying Parameters," *Journal of Business and Economic Statistics*, 28, 329–343.

Koopman, S. J., and N. Shephard (1992), "Exact Score for Time Series Models in State Space Form," *Biometrika*, 79, 823–826.

Koopman, S. J., D. van Dijk, M. Van der Wel, and J. H. Wright (2010b), "Forecasting Interest Rates with Shifting Endpoints," Manuscript, Free University of Amsterdam, Erasmus University Rotterdam, and Jouhns Hopkins University.

Kose, M. A., C. Otrok, and C. H. Whiteman (2008), "Understanding the Evolution of World Business Cycles," *Journal of International Economics*, 75, 110–130.

Kozicki, S., and P. A. Tinsley (2001), "Shifting Endpoints in the Term Structure of Interest Rates," *Journal of Monetary Economics*, 47, 613–652.

Krippnet, L. (2006), "A Theoretically Consistent Version of the Nelson-Siegel Class of Yield Curve Models," *Applied Mathematical Finance*, 13, 39–59.

Krippner, L. (2011a), "Modifying Gaussian Term Structure Models when Interest Rates Are Near the Zero Lower Bound," Manuscript, Reserve Bank of New Zealand.

Krippner, L. (2011b), "A Theoretical Foundation for the Nelson-Siegel Class of Yield Curve Models," Revised Manuscript, Reserve Bank of New Zealand (originally issued as Discussion Paper 2009/10).

Krishnan, C. N. V., P. Ritchken, and J. Thomson (2010), "Predicting Credit Spreads," *Journal of Financial Intermediation*, 19, 529–563.

Kurmann, A., and C. Otrok (2010), "News Shocks and the Slope of the Term Structure of Interest Rates," Manuscript, University of Quebec and University of Virginia.

Langetieg, T. C. (1980), "A Multivariate Model of the Term Structure," *Journal of Finance*, 35, 71–97.

Laurini, M. P., and L. K. Hotta (2010), "Bayesian Extensions of the Diebold and Li Term Structure Model," *International Review of Financial Analysis*, 19, 342–350.

Lengwiler, Y., and C. Lenz (2010), "Intelligible Factors for the Yield Curve," *Journal of Econometrics*, 157, 481–491.

Litterman, R., and J. A. Scheinkman (1991), "Common Factors Affecting Bond Returns," *Journal of Fixed Income*, 1, 77–85.

Litterman, R., J. A. Scheinkman, and L. Weiss (1991), "Volatility and the Yield Curve," *Journal of Fixed Income*, 1, 49–53.

Litzenberger, R., G. Squassi, and N. Weir (1995), "Spline Models of the Term Structure of Interest Rates and Their Applications," Working paper, Goldman Sachs.

Ludvigson, S. C., and S. Ng (2009), "Macro Factors in Bond Risk Premia," *Review of Financial Studies*, 22, 5027–5067.

Macaulay, F. (1938), *Some Theoretical Problems Suggested by the Movements of Interest Rates, Bond Yields, and Stock Prices in the United States Since* 1865, National Bureau of Economic Research.

Malkiel, B. G. (1966), *The Term Structure of Interest Rates*, Princeton University Press.

McCulloch, J. H. (1971), "Measuring the Term Structure of Interest Rates," *Journal of Business*, 44, 19–31.

McCulloch, J. H. (1975), *Money and Inflation: A Monetarist Approach*, Academic Press.

McCulloch, J. H., and H. C. Kwon (1993), "U. S. Term Structure Data, 1947 – 1991," Working Paper 93–6, Ohio State University.

Meiselman, D. (1962), *The Term Structure of Interest Rates*, Prentice-Hall.

Merton, R. C. (1974), "On the Pricing of Corporate Debt: The Risk Structure of Interest Rates," *Journal of Finance*, 29, 449–470.

Modigliani, F., and R. Sutch (1967), "Debt Management and the Term Structure of Interest Rates: An Empirical Analysis of Recent Experience," *Journal of Political Economy*, 75, 569–589.

Mönch, E. (2008), "Forecasting the Yield Curve in a Data-Rich Environment: A No-Arbitrage Factor-Augmented VAR Approach," *Journal of Econometrics*, 146, 26–43.

Neftci, S. N. (2004), *Financial Engineering*, Academic Press.

Nelson, C. R. (1972), *The Term Structure of Interest Rates*, Basic Books.

Nelson, C. R., and A. F. Siegel (1987), "Parsimonlous Modeling of Yield Curves," *Journal of Business*, 473–489.

Nyholm, K. (2007), "A New Approach to Predicting Recessions," *Economic Notes*, 36, 27 –42.

Nyholm, K. (2008), *Strategic Asset Allocation in Fixed-Income Markets: A Matlab-Based User's Guide*, Wiley.

Nyholm, K., and R. Rebonato (2008), "Long-Horizon Yield Curve Projections: Comparison of Semi-parametric and Parametric Approaches," *Applied Financial Economics*, 18, 1597–1611.

Nyholm, K., and R. Vidova-Koleva (2011), "Nelson-Siegel, Affine and Quadratic Yield Curve Specifications: Which One Is Better at Forecasting?" *Journal of Forecasting*, in press.

Pagan, A. (1984), "Econometric Issues in the Analysis of Regressions with Generated Regressors," *International Economic Review*, 25, 221–247.

Park, B., E. Mammen, W. Härdle, and S. Borak (2009), "Time Series Modelling with Semiparametric Factor Dynamics," *Journal of the American Statistical Association*, 104, 284–298.

Piazzesi, M. (2010), "Affine Term Structure Models," In L. P. Hansen and Y. Aït-Sahalia (eds.), *Handbook of Financial Econometrics*, Elsevier, 691–766.

Piazzesi, M., and M. Schneider (2006), "Equilibrium Yield Curves," *NBER Macro Annual*, 389–442.

Ramsay, J. O., G. Hooker, and S. Graves (2009), *Functional Data Analysis with R and Matlab*, Springer.

Ramsay, J. O., and B. W. Silverman (2005), *Functional Data Analysis*, Springer, 2nd ed.

Reis, R., and M. W. Watson(2010), "Relative Goods' Prices, Pure Inflation, and the Phillips Correlation," *American Economic Journal: Macroeconomics*, 2, 128–157.

Rudebusch, G., and T. Wu (2008), "A Macro-Finance Model of the Term Structure, Monetary Policy and the Economy," *Economic Journal*, 118, 906–926.

Rudebusch, G. D., and E. Swanson (2012), "The Bond Premium in a DSGE Model with Long-Run Real and Nominal Risks," *American Economic Journal: Macroeconomics*, 4, 105–143.

Rudebusch, G. D., and E. T. Swanson(2008), "Examining the Bond Premium Puzzle with a DSGE Model," *Journal of Monetary Economics*, 55, S111–S126.

Rudebusch, G. D., E. T. Swanson, and T. Wu(2006), "The Bond Yield 'Conundrum' from a Macro-Finance Perspective," *Monetary and Economic Studies*, 24, 83–128.

Rudebusch, G. D., and T. Wu(2007), "Accounting for a Shift in Term Structure Behavior with No-Arbitrage and Macro-Finance Models," *Journal of Money, Credit and Banking*, 39, 395 –422.

Sargent, T. J., and C. A. Sims(1977), "Business Cycle Modeling without Pretending to Have Too Much A Priori Theory." In C. A. Sims (ed.), *New Methods in Business Cycle Research: Proceedings from a Conference*, Federal Reserve Bank of Minneapolis, 45–109.

Schorfheide, F. (2011), "Estimation and Evaluation of DSGE Models: Progress and Challenges." In D. Acemoglu, M. Arellano, and E. Dekel (eds.), *Advances in Economics and Econometrics: Theory and Applications, Tenth World Congress of the Econometric Society*, Cambridge University Press, in press.

Sharef, E., and D. Filipović (2004), "Conditions for Consistent Exponential-Polynomial Forward Rate Processes with Multiple Nontrivial Factors," *International Journal of Theoretical and Applied Finance*, 7, 685–700.

Shea, G. S. (1984), "Pitfalls in Smoothing Interest Rate Term Structure Data: Equilibrium Models and Spline Approximations," *Journal of Financial and Quantitative Analysis*, 19, 253 –269.

Shiller, R. J. (1973), "A Distributed Lag Estimator Derived from Smoothness Priors," *Econometrica*, 41, 775–788.

Siegel, Andrew F. (2009), "Arbitrage-Free Linear Price Function Models for the Term Structure of Interest Rates," Manuscript, University of Washington.

Singleton, K. (2006), *Empirical Dynamic Asset Pricing*, Princeton University Press.

Söderlind, P., and L. Svensson (1997), "New Techniques to Extract Market Expectations from Financial Instruments," *Journal of Monetary Economics*, 40, 383–429.

Steeley, J. M. (2011), "A Shape-Based Decomposition of the Yield Adjustment Term in the Arbitrage-Free Nelson-Siegel(AFNS) Model of the Yield Curve," Manuscript, Aston University.

Stock, J. H., and M. W. Watson (1999), "Forecasting Inflation," *Journal of Monetary Economics*, 44, 293–335.

Stock, J. H., and M. W. Watson (2003), *Introduction to Econometrics*, Boston: Pearson Education.

Svensson, L. E. O. (1995), "Estimating Forward Interest Rates with the Extended Nelson-Siegel Method," *Sveriges Riksbank Quarterly Review*, 3, 13–26.

Tam, C. S., and I. W. Yu (2008), "Modeling Sovereign Bond Yield Curves of the U. S., Japan and Germany," *International Journal of Finance and Economics*, 13, 82–91.

Tanner, M. A. (1993), *Tools for Statistical Inference*, Springer-Verlag.

Trolle, A. B., and E. S. Schwartz (2009), "A General Stochastic Volatility Model for the Pricing of Interest Rate Derivatives," *Review of Financial Studies*, 22, 2007–2057.

van Binsbergen, J. H., J. Fernández-Villaverde, R. S. J. Koijen, and J. F. Rubio-Ramírez (2010), "The Term Structure of Interest Rates in a DSGE Model with Recursive Preferences," NBER Working Paper No. 11380.

Van Horne, J. (1965), "Interest-Rate Risk and the Term Structure of Interest Rates," *Journal of Political Economy*, 73, 344–351.

Vasicek, O. (1977), "An Equilibrium Characterization of the Term Structure," *Journal of Financial Economics*, 5, 177–188.

Vasicek, O. A., and H. G. Fong (1982), "Term Structure Modeling Using Exponential Splines," *Journal of Finance*, 37, 339–348.

Vayanos, D., and J. Vila (2009), "A Preferred-Habitat Model of the Term Structure of Interest Rates," NBER Working Paper 15487.

Wachter, J. (2006), "A Consumption-Based Model of the Term Structure of Interest Rates," *Journal of Financial Economics*, 79, 365–399.

Wallace, N. (1981), "A Modigliani-Miller Theorem for Open-Market Operations," *American Economic Review*, 71, 267–274.

Watson, M. W., and R. F. Engle (1983), "Alternative Algorithms for the Estimation of Dynamic Factor, MIMIC and Varying Coefficient Regression Models," *Journal of Econometrics*, 23, 385–400.

Wei, M., and J. H. Wright (2010), "Reverse Regressions and Long-Horizon Forecasting," Manuscript, Federal Reserve Board and Johns Hopkins University.

Williams, D. (1997), *Probability with Martingales*, Cambridge University Press.

Willner, R. (1996), "A New Tool for Portfolio Managers: Level, Slope and Curvature Durations," *Journal of Fixed Income*, June, 48–59.

Wright, J. (2011), "Term Premia and Inflation Uncertainty: Empirical Evidence from an International Panel Dataset," *American Economic Review*, 101, 1514–1534.

Yu, W., and E. W. Zivot (2011), "Forecasting the Term Structures of Treasury and Corporate Yields Using Dynamic Nelson-Siegel Models," *International Journal of Forecasting*, 27, 579–591.

Yu, W. C., and D. M. Salyards (2009), "Parsimonious Modeling and Forecasting of Corporate Yield Curve," *Journal of Forecasting*, 28, 73–88.

Zantedeschi, D., P. Damien, and N. G. Polson (2011), "Predictive Macro-Finance with Dynamic Partition Models," *Journal of the American Statistical Association*, 106, 427–439.

